DR. OETKER

BLECHKUCHEN

Neue Backhits, schnell und vielseitig

Dr. Oetker Verlag

Vorwort

Ein duftender Kuchen, frisch vom Blech, ist nicht nur verführerisch, sondern genau das Richtige, wenn besonders viele hungrige Kuchenfans am Tisch sitzen.
In diesem Buch haben wir 60 Rezepte dieses idealen Familienkuchens zusammengestellt, von den klassischen Streusel- und Obstkuchen, bis zu neuen Kreationen wie Joghurtschnitten, Walnusshappen oder Mangocreme-Schnitten.
Alle Rezepte sind schnell und unkompliziert zuzubereiten und wurden von Dr. Oetker überprüft und exakt beschrieben, damit sie garantiert gelingen.

Abkürzungen

EL = Esslöffel
TL = Teelöffel
Msp. = Messerspitze
Pck. = Packung/Päckchen
g = Gramm
kg = Kilogramm
ml = Milliliter
l = Liter
Min. = Minuten
Std. = Stunden
evtl. = eventuell
geh. = gehäuft
gestr. = gestrichen
TK = Tiefkühlprodukt
°C = Grad Celsius
Ø = Durchmesser
E = Eiweiß
F = Fett
Kh = Kohlenhydrate
kcal = Kilokalorien
kJ = Kilojoule

Hinweise zu den Rezepten

Lesen Sie vor der Zubereitung das Rezept einmal vollständig durch. Oft werden Arbeitsabläufe oder Zusammenhänge dann klarer. Die in den Rezepten angegebenen Backtemperaturen und -zeiten sind Richtwerte, die je nach individueller Hitzeleistung des Backofens bzw. Material der verwendeten Formen über- oder unterschritten werden können. Beachten Sie bei Gasherden die Gebrauchsanweisung des Herstellers.

Zubereitungszeiten

Die Zubereitungszeit ist ein Anhaltswert für die Zeit für Vorbereitung und die eigentliche Zubereitung. Längere Wartezeiten wie z. B. Kühl- und Marinierzeiten, sowie die Backzeit sind nicht einbezogen.

Kapitelübersicht

Trockene Kuchen

Seite 8–51

Gefüllte Kuchen

Seite 52–65

Kapitelübersicht

Kuchen mit Milch und Sahne

Seite 66–83

Kuchen mit Obst

Seite 84–121

Marzipan-Butterkuchen

Zutaten

Für den Hefeteig:
375 g Weizenmehl
1 Pck. Trockenhefe
100 g Zucker
1 Prise Salz
75 g zerlassene, abgekühlte Butter
200 ml lauwarme Milch

Für den Belag:
125 g weiche Butter
200 g Marzipan-Rohmasse
1 Becher (150 g) Crème fraîche
2–3 EL Zucker
1 Pck. Vanillin-Zucker
50 g abgezogene, gehobelte Mandeln

Zubereitungszeit:
25 Minuten, ohne Gehzeit

Insgesamt:
E: 95 g, F: 320 g, Kh: 510 g, kJ: 22967, kcal: 5485

FÜR GÄSTE

1 Für den Teig Mehl in eine Rührschüssel sieben, mit der Hefe sorgfältig vermischen. Zucker, Salz, Butter und Milch hinzufügen. Die Zutaten mit Handrührgerät mit Knethaken zunächst auf niedrigster, dann auf höchster Stufe in etwa 5 Minuten zu einem glatten Teig verarbeiten.

2 Den Teig zugedeckt so lange an einem warmen Ort stehen lassen, bis er sich sichtbar vergrößert hat. Den Teig dann auf der Arbeitsfläche nochmals kurz durchkneten und auf einem Backblech (30 x 40 cm, gefettet) ausrollen.

3 Für den Belag Butter mit Marzipan-Rohmasse verrühren, in einen Spritzbeutel mit weiter Lochtülle geben. Mit den Fingern in Abständen von 2–3 cm Vertiefungen in den Teig drücken. In jede Vertiefung etwas von der Marzipanmasse spritzen. Den Teig nochmals so lange an einem warmen Ort stehen lassen, bis er sich sichtbar vergrößert hat.

4 Crème fraîche verrühren, mit Hilfe eines Pinsels die Zwischenräume auf dem Teig damit bestreichen. Den Zucker mit Vanillin-Zucker mischen und die Oberfläche damit bestreuen. Die Mandeln darüber verteilen. Das Backblech in den Backofen schieben.

Ober-/Unterhitze: 200–220 °C (vorgeheizt)
Heißluft: 180–200 °C (vorgeheizt)
Gas: etwa Stufe 3 (vorgeheizt)
Backzeit: etwa 20 Minuten.

5 Das Backblech auf einen Kuchenrost stellen und den Kuchen erkalten lassen.

Butter- oder Zuckerkuchen

Zutaten

Für den Quark-Öl-Teig:
300 g Weizenmehl
1 Pck. Backpulver
150 g Magerquark
75 ml Milch
75 ml Speiseöl
75 g Zucker
1 Pck. Vanillin-Zucker
1 Prise Salz
75 g Rosinen

Für den Belag:
125 g Butter
75 g Zucker
1 Pck. Vanillin-Zucker
50 g abgezogene, gehobelte Mandeln

Zubereitungszeit:
20 Minuten

Insgesamt:
E: 71 g, F: 212 g, Kh: 486 g, kJ: 17971, kcal: 4292

SCHNELL – FÜR KINDER

1 Für den Teig Mehl mit Backpulver mischen und in eine Rührschüssel sieben. Quark, Milch, Öl, Zucker, Vanillin-Zucker und Salz hinzufügen, mit Handrührgerät mit Knethaken auf höchster Stufe in etwa 1 Minute zu einem glatten Teig verarbeiten (nicht zu lange, Teig klebt sonst).

2 Anschließend auf der Arbeitsfläche zu einer Rolle formen, dabei die Rosinen unterkneten. Den Teig auf einem Backblech (30 x 40 cm, gefettet, mit Backpapier belegt) ausrollen.

3 Für den Belag Butter in Flöckchen gleichmäßig auf den Teig legen oder zerlassen und abgekühlt darauf streichen. Zucker mit Vanillin-Zucker und Mandeln mischen und gleichmäßig auf dem Teig verteilen. Vor den Teig einen mehrfach umgeknickten Streifen Alufolie legen. Das Backblech in den Backofen schieben.

Ober-/Unterhitze: etwa 180 °C (vorgeheizt)
Heißluft: etwa 160 °C (vorgeheizt)
Gas: Stufe 2–3 (vorgeheizt)
Backzeit: etwa 20 Minuten.

4 Das Backblech auf einen Kuchenrost stellen und den Kuchen erkalten lassen.

Tipp: *Der Kuchen lässt sich einfrieren. Am besten schmeckt er jedoch frisch. Für den Teig ein geschmacksneutrales Öl (z. B. Sonnenblumenöl, Rapsöl) verwenden. Eine fruchtige Note bekommt das Gebäck, wenn man die Hälfte der Milch durch Orangensaft ersetzt.*

Saftiger Zuckerkuchen

Zutaten

Für den Hefeteig:
375 g Weizenmehl
1 Pck. Trockenhefe
50 g Zucker
1 Pck. Vanillin-Zucker
1 Prise Salz
1 Ei (Größe M)
200 ml lauwarme Milch
50 g zerlassene, abgekühlte Butter

Für den Belag:
75 g Butter
150 g Zucker
1 Becher (150 g) saure Sahne oder Crème fraîche

Zubereitungszeit:
20 Minuten, ohne Gehzeit

Insgesamt
E: 68 g, F: 169 g, Kh: 480 g, kJ: 15988, kcal: 3817

FÜR KINDER – KLASSISCH

1 Für den Teig Mehl in eine Rührschüssel sieben und mit der Hefe sorgfältig vermischen. Zucker, Vanillin-Zucker, Salz, Ei, Milch und Butter hinzufügen und mit Handrührgerät mit Knethaken zunächst auf niedrigster, dann auf höchster Stufe in etwa 5 Minuten zu einem glatten Teig verarbeiten. Den Teig zugedeckt an einem warmen Ort so lange stehen lassen, bis er sich sichtbar vergrößert hat.

2 Den Teig dann auf der Arbeitsfläche nochmals kurz durchkneten und auf einem Backblech (30 x 40 cm, gefettet, mit Backpapier belegt) ausrollen. Einen mehrfach geknickten Streifen Alufolie vor den Teig legen.

3 Für den Belag die Butter in Flöckchen gleichmäßig auf den Teig setzen und den Zucker darüber streuen. Den Teig nochmals so lange an einem warmen Ort stehen lassen, bis er sich sichtbar vergrößert hat. Dann das Backblech in den Backofen schieben.

Ober-/Unterhitze: 200–220 °C (vorgeheizt)
Heißluft: 180–200 °C (vorgeheizt)
Gas: etwa Stufe 3 (vorgeheizt)
Backzeit: 15–20 Minuten.

4 Etwa 5 Minuten vor dem Ende der Backzeit das Gebäck mit saurer Sahne oder Crème fraîche bestreichen und fertig backen.

5 Das Backblech auf einen Kuchenrost stellen und den Kuchen erkalten lassen.

Tipp: *Das Gebäck eignet sich zum Einfrieren, schmeckt aber am besten frisch. Zusätzlich können noch gehobelte Mandeln oder Haselnusskerne auf den Teig gestreut werden.*

Schwäbischer Kartoffelkuchen

Zutaten

Für den Hefeteig:
250 g Aprikosen (aus der Dose)
125 g Sultaninen
175 g Weizenmehl
2 gestr. TL Trockenhefe
20 g Zucker
1 Prise Salz
1 Pck. Finesse Geriebene Zitronenschale
2 Eier (Größe M)
75 g zerlassene, abgekühlte Butter
50 ml lauwarme Milch
250 g Pellkartoffeln
4–5 EL Milch
3 EL Zimtzucker
50 g zerlassene Butter

Zubereitungszeit:
30 Minuten, ohne Einweich- und Teiggehzeit

Insgesamt:
E: 51 g, F: 123 g, Kh: 362 g, kJ: 12085, kcal: 2887

RAFFINIERT – PREISWERT

1 Für den Teig Aprikosen auf einem Sieb gut abtropfen lassen, dann in feine Streifen schneiden. Sultaninen in dem Aprikosensaft etwa 60 Minuten einweichen.

2 Mehl in eine Rührschüssel sieben, mit der Hefe sorgfältig vermischen. Zucker, Salz, Zitronenschale, Eier, Butter und Milch hinzufügen.

3 Die Zutaten mit Handrührgerät mit Knethaken zunächst auf niedrigster, dann auf höchster Stufe in etwa 5 Minuten zu einem glatten Teig verarbeiten. Den Teig zugedeckt so lange an einem warmen Ort gehen lassen, bis er sich sichtbar vergrößert hat.

4 Den Teig aus der Schüssel nehmen, auf der Arbeitsfläche kurz durchkneten. Die gepellten, durchgepressten Kartoffeln einarbeiten, anschließend die abgetropften Sultaninen und die Aprikosenstreifen unterkneten.

5 Den Teig auf ein Backblech (30 x 40 cm, gefettet, mit Backpapier belegt) verteilen. Davor einen mehrfach umgeknickten Streifen Alufolie legen. Den Teig zugedeckt nochmals so lange an einem warmen Ort stehen lassen, bis er sich sichtbar vergrößert hat.

6 Den Teig mit Milch bestreichen, mit etwas Zimtzucker bestreuen. Das Backblech in den Backofen schieben.

Ober-/Unterhitze: 200–220 °C (vorgeheizt)
Heißluft: 180–200 °C (vorgeheizt)
Gas: etwa Stufe 3 (vorgeheizt)
Backzeit: 20–25 Minuten.

7 Den Kuchen sofort nach dem Backen mit Butter bestreichen und mit dem restlichem Zimtzucker bestreuen.

Sandschnitten

Zutaten

Für den Rührteig:
250 g Butter
200 g feinkörniger Zucker
1 Pck. Vanillin-Zucker
4 Eier (Größe M)
1 Prise Salz
125 g Weizenmehl
125 g Speisestärke
½ gestr. TL Backpulver

Zum Bestreuen:
50 g abgezogene, gehobelte Mandeln

Für den Guss:
50 g gesiebter Puderzucker
4 EL Orangensaft
2 EL Zitronensaft

Zum Verzieren:
etwa 100 g gesiebter Puderzucker
1 EL Zitronensaft
1 EL Orangensaft
etwas gelbe Speisefarbe

Zubereitungszeit:
20 Minuten, ohne Kühlzeit

Insgesamt:
E: 62 g, F: 263 g, Kh: 563 g, kJ: 21007, kcal: 5018

EINFACH – SCHNELL – FÜR KINDER

1 Für den Teig Butter zerlassen und kalt stellen. In die erkaltete, wieder etwas fest gewordene Butter Zucker und Vanillin-Zucker geben und mit Handrührgerät mit Rührbesen so lange rühren, bis Butter und Zucker weiß schaumig geworden sind. Nach und nach Eier (jedes Ei etwa 1 Minute) und Salz unterrühren.

2 Mehl mit Speisestärke und Backpulver mischen, sieben und portionsweise auf mittlerer Stufe unterrühren. Den Teig auf ein Backblech (30 x 40 cm, gefettet, gemehlt) geben, glatt streichen und mit Mandeln bestreuen. Das Backblech in den Backofen schieben.

Ober-/Unterhitze: etwa 180 °C (vorgeheizt)
Heißluft: etwa 160 °C (vorgeheizt)
Gas: Stufe 2–3 (vorgeheizt)
Backzeit: etwa 20 Minuten.

3 Für den Guss Puderzucker mit Orangen- und Zitronensaft verrühren, den noch warmen Kuchen damit bestreichen, einziehen lassen.

4 Zum Verzieren jeweils eine Hälfte des Puderzuckers mit Zitronen- und eine mit Orangensaft so verrühren, dass eine zähflüssige Masse entsteht. Den Orangenguss mit Speisefarbe etwas einfärben. Die beiden Güsse in Pergamentpapiertütchen füllen, das Gebäck damit verzieren und fest werden lassen. Den Kuchen in Schnitten von beliebiger Größe schneiden.

Tipp: *Das Gebäck hält sich gut verpackt mehrere Tage frisch. Ohne Guss ist es gefriergeeignet. Der Teig kann zusätzlich noch mit Orangen- oder Zitronenschale aromatisiert werden.*

Streuselecken mit Crème fraîche

Zutaten

Für den Knetteig:
350 g Weizenmehl
50 g Zucker
2 Pck. Vanillin-Zucker
1 Prise Salz
1 Ei (Größe M)
200 g Butter

Zum Betreichen:
1 Becher (150 g)
Crème fraîche

Für die Streusel:
250 g Weizenmehl
125 g Zucker
1 Pck. Vanillin-Zucker
200 g Butter
100 g abgezogene,
gehobelte Mandeln
gesiebter Puderzucker

Zubereitungszeit:
25 Minuten, ohne Kühlzeit

Insgesamt:
E: 93 g, F: 395 g, Kh: 525 g,
kJ: 26276, kcal: 6276

SCHNELL

1 Für den Teig Mehl in eine Rührschüssel sieben, Zucker, Vanillin-Zucker, Ei, Salz und Butter hinzufügen.

2 Alle Zutaten mit Handrührgerät mit Knethaken zunächst auf niedrigster, dann auf höchster Stufe gut durcharbeiten, anschließend auf der Arbeitsfläche zu einem glatten Teig verkneten. Den Teig in Folie gewickelt eine Zeit lang kalt stellen.

3 Den Teig auf einem Backblech (30 x 40, gefettet) ausrollen, mit Crème fraîche bestreichen und mehrmals mit einer Gabel einstechen.

4 Für die Streusel Mehl in eine Rührschüssel sieben, mit Zucker und Vanillin-Zucker mischen. Butter in Flöckchen dazugeben. Alle Zutaten mit Handrührgerät mit Knethaken zu Streuseln von gewünschter Größe verarbeiten, auf den Teigboden streuen und Mandeln darüber streuen. Das Backblech in den Backofen schieben.

Ober-/Unterhitze: etwa 200 °C (vorgeheizt)
Heißluft: etwa 180 °C (nicht vorgeheizt)
Gas: Stufe 3-4 (nicht vorgeheizt)
Backzeit: etwa 35 Minuten.

5 Gebäck sofort nach dem Backen in Dreiecke schneiden und mit Puderzucker bestäuben.

Tipp: *Den Teigboden anstatt mit Crème fraîche mit Konfitüre bestreichen. Die Steuselecken in einer gut verschließbaren Dose aufbewahren, sie halten sich einige Tage frisch.*

Kieler Schnitten

Zutaten

Für den Knetteig:
300 g Weizenmehl
1 gestr. TL Backpulver
75 g gesiebter Puderzucker
1 Pck. Vanillin-Zucker
1 gestr. TL gemahlener Zimt
1 Ei (Größe M)
1 Prise Salz
200 g weiche Butter
100 g abgezogene, gemahlene, geröstete Mandeln

etwa 100 g Himbeerkonfitüre

Für den Guss:
2 EL Himbeerkonfitüre
100 g gesiebter Puderzucker
2–3 EL Rum

Zum Besprenkeln:
2 EL aufgelöste Speisefettglasur

Zubereitungszeit:
35 Minuten, ohne Kühlzeit

Insgesamt:
E: 63 g, F: 228 g, Kh: 513 g, kJ: 19432, kcal: 4643

RAFFINIERT – GUT VORZUBEREITEN

1 Für den Teig Mehl mit Backpulver mischen und in eine Rührschüssel sieben. Puderzucker, Vanillin-Zucker, Zimt, Ei, Salz, Butter und Mandeln hinzufügen. Die Zutaten mit Handrührgerät mit Knethaken zunächst kurz auf niedrigster, dann auf höchster Stufe gut durcharbeiten, anschließend auf der Arbeitsfäche zu einem glatten Teig verkneten.

2 Den Teig etwa 3 mm dick ausrollen, in 6 Streifen von etwa 12 x 28 cm schneiden, die Teigstreifen auf zwei Backbleche (30 x 40 cm, gefettet, mit Backpapier belegt) legen und die Backbleche nacheinander in den Backofen schieben.

Ober-/Unterhitze: etwa 180 °C (vorgeheizt)
Heißluft: etwa 160 °C (vorgeheizt)
Gas: Stufe 2–3 (vorgeheizt)
Backzeit: 12–15 Minuten.

3 Das Backblech auf einen Kuchenrost stellen und die Gebäckstreifen erkalten lassen. 4 Gebäckstreifen mit Himbeerkonfitüre bestreichen, jeweils 2 aufeinander setzen, mit den 2 unbestrichenen Gebäckstreifen bedecken und etwas andrücken.

4 Für den Guss Himbeerkonfitüre durch ein Sieb drücken und jeweils den oberen Gebäckstreifen damit bestreichen. Puderzucker mit Rum verrühren, auf die mit Himbeerkonfitüre bestrichenen Gebäckstreifen verteilen und glatt streichen. Dabei soll sich die Konfitüre leicht mit dem Zuckerguss vermischen.

5 Die Gebäckstreifen mit Speisefettglasur besprenkeln und nach dem Erkalten in etwa 2 cm breite Schnitten schneiden.

Tipp: *Den Teig auf Backpapier ausrollen, in Streifen schneiden, etwas auseinander ziehen, damit sie beim Backen nicht zusammenbacken, dann auf ein Backblech legen. (Teig ist sehr zart!) Die Schnitten halten sich gut verpackt mehrere Tage frisch.*

Bunte Zitronenschnitten

Zutaten

Für den Rührteig:
200 g Butter oder Margarine
250 g Zucker
1 Pck. Vanillin-Zucker
3 Eier (Größe M)
275 g Weizenmehl
3 gestr. TL Backpulver
1 geh. EL Kakaopulver
150 g Korinthen
je 150 g gewürfeltes Orangeat und Zitronat (Sukkade)
3 EL Rum
300 g nicht abgezogene, gemahlene Mandeln

Für den Guss:
200 g gesiebter Puderzucker
etwa 3 EL Zitronensaft

Zum Bestreuen:
etwa 40 g bunte Zuckerstreusel

Zubereitungszeit:
20 Minuten, ohne Kühlzeit

Insgesamt:
E: 122 g, F: 352 g, Kh: 1017 g, kJ: 34031, kcal: 8128

GUT VORZUBEREITEN

1 Für den Teig Butter oder Margarine mit Handrührgerät mit Rührbesen auf höchster Stufe geschmeidig rühren, nach und nach Zucker und Vanillin-Zucker unterrühren. So lange rühren, bis eine gebundene Masse entstanden ist. Eier nach und nach unterrühren (jedes Ei etwa ½ Minute).

2 Mehl mit Backpulver und Kakao mischen, sieben und portionsweise auf mittlerer Stufe unterrühren. Zum Schluss Korinthen, Orangeat, Zitronat (kurze Zeit in Rum getränkt), mit dem Rum und den Mandeln hinzufügen.

3 Den Teig auf ein Backblech (30 x 40 cm, gefettet, mit Backpapier belegt) streichen und das Backblech in den Backofen schieben.

Ober-/Unterhitze: etwa 200 °C (vorgeheizt)
Heißluft: etwa 180 °C (vorgeheizt)
Gas: Stufe 3–4 (vorgeheizt)
Backzeit: etwa 20 Minuten.

4 Das Backblech auf einen Kuchenrost stellen und den Kuchen erkalten lassen.

5 Für den Guss Puderzucker mit Zitronensaft verrühren, den erkalteten Kuchen damit bestreichen und anschließend mit Zuckerstreuseln garnieren. Das erkaltete Gebäck in Schnitten schneiden.

Tipp: *Für Kinder die Zitronenschnitten statt mit Rum mit Orangensaft zubereiten. Ohne Guss läßt sich der Kuchen gut einfrieren. Anstelle des Zitronensaftes für den Guss Orangensaft verwenden, dann auch den Rum zum Einweichen der Früchte durch Orangensaft ersetzen.*

Brüsseler Schnitten

Zutaten

Für den Rührteig:
300 g Butter oder Margarine
300 g gesiebter Puderzucker
1 Pck. Vanillin-Zucker
8 Eigelb (Größe M)
300 g gemahlene Haselnusskerne
½ Pck. Backpulver
8 Eiweiß (Größe M)

Zum Bestreichen:
4 EL Aprikosenkonfitüre
2 EL Rum

Für den Guss:
150 g gesiebter Puderzucker
2–3 EL Rotwein
etwas gemahlener Zimt
½ Becher Schokoladenglasur

Zubereitungszeit:
20 Minuten, ohne Kühlzeit

Insgesamt:
E: 113 g, F: 490 g, Kh: 583 g, kJ: 31306, kcal: 7476

SCHNELL – EINFACH – GUT VORZUBEREITEN

1 Für den Teig Butter oder Margarine mit Handrührgerät mit Rührbesen auf höchster Stufe geschmeidig rühren. Nach und nach Puderzucker und Vanillin-Zucker unterrühren. So lange rühren, bis eine gebundene Masse entstanden ist.

2 Eigelb nach und nach unterrühren (jedes Eigelb knapp ½ Minute). Haselnusskerne mit Backpulver mischen und portionsweise auf mittlerer Stufe unterrühren. Eiweiß steif schlagen und unterheben. Den Teig auf ein Backblech (30 x 40 cm, gefettet, mit Backpapier belegt) streichen. Das Backblech in den Backofen schieben.

Ober-/Unterhitze: etwa 180 °C (vorgeheizt)
Heißluft: etwa 160 °C (vorgeheizt)
Gas: Stufe 2–3 (vorgeheizt)
Backzeit: etwa 25 Minuten.

3 Das Backblech auf einen Kuchenrost stellen und den Kuchen erkalten lassen.

4 Zum Bestreichen Konfitüre mit Rum erwärmen, glatt rühren und dünn auf den Kuchen streichen.

5 Für den Guss Puderzucker mit Rotwein und Zimt verrühren, auf dem Kuchen verteilen und zum Schluss mit Schokoladenglasur besprenkeln.

Tipp: *Gut verpackt hält sich der Kuchen mehrere Tage frisch. Knackiger wird das Gebäck, wenn man 75 g der gemahlenen durch gehackte Nüsse ersetzt.*

Walnusshappen

Zutaten

Für den Rührteig:
200 g Butter oder Margarine
150 g gesiebter Puderzucker
1 Pck. Vanillin-Zucker
1 Prise Salz
1 EL Rum
4 Eier (Größe M)
75 g aufgelöste Zartbitterschokolade
200 g Weizenmehl
1 gestr. TL Backpulver
200 g gehackte Walnusskerne

Für den Guss:
200 g dunkle Kuchenglasur

Zum Garnieren:
Walnusskernhälften

Zubereitungszeit:
25 Minuten, ohne Kühlzeit

Insgesamt:
E: 97 g, F: 266 g, Kh: 523 g, kJ: 21239, kcal: 5074

SCHNELL – GUT VORZUEREITEN

1 Für den Teig Butter oder Margarine mit Handrührgerät mit Rührbesen auf höchster Stufe geschmeidig rühren. Nach und nach Puderzucker, Vanillin-Zucker, Salz und Rum unterrühren. So lange rühren, bis eine gebundene Masse entstanden ist.

2 Eier nach und nach unterrühren (jedes Ei etwa ½ Minute). Schokolade unterrühren. Mehl und Backpulver mischen, sieben und mit den Walnusskernen unterheben.

3 Den Teig auf ein Backblech (30 x 40 cm, gefettet, mit Backpapier belegt) streichen. Das Backblech in den Backofen schieben.

Ober-/Unterhitze: etwa 180 °C (vorgeheizt)
Heißluft: etwa 160°C (vorgeheizt)
Gas: Stufe 2–3 (vorgeheizt)
Backzeit: etwa 30 Minuten.

4 Das Backblech auf einen Kuchenrost stellen und den Kuchen darauf erkalten lassen.

5 Für den Guss die Kuchenglasur nach Packungsanleitung auflösen, das Gebäck damit überziehen. Die Stücke markieren (3 x 6,5 cm) und mit je einer Walnusskernhälfte belegen. Die Glasur trocknen lassen.

6 Nach dem Abkühlen den Kuchen in Stücke schneiden.

Tipp: *Der Kuchen eignet sich hervorragend zum Einfrieren. Gut verpackt hält er sich mehrere Tage frisch.*

Nuss-Rum-Schnitten

Zutaten

Für den Rührteig:
125 g weiche Butter oder Margarine
125 g Zucker
1 Pck. Vanillin-Zucker
1 Finesse Jamaica-Rum-Aroma
1 Prise Salz
8 Eigelb (Größe M)
300 g gemahlene Haselnusskerne
50 g gehackte Haselnusskerne
1 gestr. TL Backpulver
8 Eiweiß (Größe M)

Für den Guss:
125 g gesiebter Puderzucker
2–3 EL Rum
etwa 30 g gehackte Haselnusskerne
35 g zerlassene Zartbitterschokolade

Zubereitungszeit:
20 Minuten, ohne Kühlzeit

Insgesamt:
E: 119 g, F: 400 g, Kh: 310 g, kJ: 23569, kcal: 5629

SCHNELL – GEFRIERGEEIGNET

1 Für den Teig Butter oder Margarine mit Handrührgerät mit Rührbesen auf höchster Stufe geschmeidig rühren. Nach und nach Zucker, Vanillin-Zucker, Aroma und Salz unterrühren. So lange rühren, bis eine gebundene Masse entstanden ist. Eigelb nach und nach unterrühren (jedes Eigelb knapp ½ Minute).

2 Haselnusskerne mit Backpulver mischen und in drei Portionen auf mittlerer Stufe unterrühren. Eiweiß steif schlagen und unterheben. Den Teig auf ein Backblech (30 x 40 cm, gefettet, mit Backpapier belegt) streichen. Das Backblech in den Backofen schieben.

Ober-/Unterhitze: etwa 180 °C (vorgeheizt)
Heißluft: etwa 160 °C (vorgeheizt)
Gas: Stufe 2–3 (vorgeheizt)
Backzeit: 20–25 Minuten.

3 Den Kuchen sofort nach dem Backen auf einen mit Backpapier belegten Kuchenrost stürzen, mitgebackenes Backpapier abziehen und den Kuchen erkalten lassen.

4 Für den Guss Puderzucker mit Rum zu einer dickflüssigen Masse verrühren und den Kuchen damit bestreichen. Mit Haselnusskernen bestreuen und nach Belieben mit zerlassener Schokolade verzieren. Den Kuchen in Stücke schneiden.

Tipp: *Die Schnitten sind gut verpackt mehrere Tage haltbar. Sie schmecken am besten, wenn sie einen Tag durchgezogen sind. Statt des Gusses können Sie 200 g Zartbitterschokolade mit 25 g Kokosfett im heißen Wasserbad geschmeidig rühren und den Kuchen damit bestreichen.*

Mandel-Schoko-Schnitten

Zutaten

Für den Biskuitteig:
4 Eier (Größe M)
2–3 EL heißes Wasser
100 g Zucker
1 Pck. Vanillin-Zucker
50 g abgezogene, gemahlene Mandeln
50 g Speisestärke
50 g Semmelbrösel
50 g geriebene Halbbitterschokolade

Zum Bestreichen:
4 EL Aprikosenkonfitüre
2 EL Rum
2 EL Wasser

Für den Guss:
100 g Schokolade
25 g Kokosfett

Zum Belegen:
abgezogene, halbierte Mandeln
25 g Vollmilchschokolade

Zubereitungszeit:
25 Minuten, ohne Kühlzeit

Insgesamt:
E: 74 g, F: 162 g, Kh: 338 g, kJ: 13911, kcal: 3323

SCHNELL

1 Für den Teig Eier und Wasser mit Handrührgerät mit Rührbesen auf höchster Stufe in 1 Minute schaumig schlagen. Zucker und Vanillin-Zucker mischen, in 1 Minute einstreuen, dann noch etwa 2 Minuten schlagen. Mandeln mit gesiebter Speisestärke, Semmelbröseln und Schokolade mischen, die Hälfte davon auf die Eiercreme geben, kurz auf niedrigster Stufe unterrühren. Den Rest des Zutaten-Gemisches auf die gleiche Weise unterarbeiten.

2 Den Teig etwa 1 cm dick auf ein Backblech (30 x 40 cm, gefettet, mit Backpapier belegt) streichen. An der offenen Seite des Blechs das Papier unmittelbar vor dem Teig zur Falte knicken, so dass ein Rand entsteht. Das Backblech in den Backofen schieben.

Ober-/Unterhitze: 200–220 °C (vorgeheizt)
Heißluft: 180–200 °C (vorgeheizt)
Gas: etwa Stufe 4 (vorgeheizt)
Backzeit: 10–15 Minuten.

3 Das Backblech auf einen Kuchenrost stellen. Zum Bestreichen Aprikosenkonfitüre durch ein Sieb streichen, mit Rum und Wasser verrühren und aufkochen lassen. Den Biskuit sofort nach dem Backen gleichmäßig damit bestreichen und erkalten lassen.

4 Für den Guss Schokolade in kleine Stücke brechen, mit dem Kokosfett in einem kleinen Topf im Wasserbad bei schwacher Hitze zu einer geschmeidigen Masse verrühren. Auf die Aprikosenschicht streichen, etwas antrocknen lassen und mit einem Messer Vierecke (etwa 5 x 5 cm) in den Schokoladenguss ziehen.

5 Die Vierecke in der Mitte mit Mandeln belegen, solange der Guss noch feucht ist und fest werden lassen. Das Gebäck mit einem in heißes Wasser getauchten, Messer auseinander schneiden.

Beigabe: *Schlagsahne*

Nuss-Marzipan-Schnitten

Zutaten

Für den Rührteig:
300 g Butter oder Margarine
300 g gesiebter Puderzucker
1 Pck. Vanillin-Zucker
8 Eigelb (Größe M)
3 EL Rum
200 g Zartbitterschokolade
200 g gemahlene Haselnusskerne
160 g Weizenmehl
1 TL Backpulver
8 Eiweiß (Größe M)

Zum Bestreichen:
4 EL Aprikosenkonfitüre
3 EL Rum

Zum Belegen:
400 g Marzipan-Rohmasse

Für den Guss:
150 g dunkle Kuchenglasur

Zubereitungszeit:
30 Minuten, ohne Kühlzeit

Insgesamt:
E: 179 g, F: 636 g, Kh: 871 g, kJ: 43265, kcal: 10335

GUT VORZUBEREITEN

1 Für den Teig Butter oder Margarine mit Handrührgerät mit Rührbesen auf höchster Stufe geschmeidig rühren. Nach und nach Puderzucker und Vanillin-Zucker unterrühren. So lange rühren, bis eine gebundene Masse entstanden ist. Eigelb und Rum nach und nach unterrühren (jedes Eigelb knapp ½ Minute). Schokolade auflösen und Mehl und Backpulver mischen, sieben, mit den Haselnusskernen portionsweise auf mittlerer Stufe unter den Teig rühren. Eiweiß steif schlagen und unterheben.

2 Den Teig auf ein Backblech (30 x 40 cm, gefettet, mit Backpapier belegt) streichen. Das Backblech in den Backofen schieben.

Ober-/Unterhitze: etwa 180 °C (vorgeheizt)
Heißluft: etwa 160 °C (vorgeheizt)
Gas: Stufe 2–3 (vorgeheizt)
Backzeit: etwa 25 Minuten.

3 Das Backblech auf einen Kuchenrost stellen, den Kuchen erkalten lassen. Zum Bestreichen Konfitüre durch ein Sieb streichen, mit Rum erwärmen, glatt rühren und auf den Kuchen streichen.

4 Zum Belegen Marzipan-Rohmasse verkneten, zwischen Frischhaltefolie (oder aufgeschnittenen Gefrierbeuteln) in der Größe des Kuchens ausrollen und darauf legen.

5 Für den Guss Kuchenglasur nach Packungsanleitung auflösen und den Kuchen damit bestreichen.

Tipp: *Anstelle der gemahlenen Haselnusskerne können auch sehr gut gehackte Haselnusskerne untergehoben werden. Sehr lecker schmecken die Schnitten auch mit gemahlenen, nicht abgezogenen Mandeln. Gut verpackt hält der Kuchen mehrere Tage frisch, lässt sich auch sehr gut einfrieren.*

Englische Teeschnitten

Zutaten

Für den Rührteig:
250 g Butter oder Margarine
175 g Zucker
1 Pck. Vanillin-Zucker
2 EL Rum
5 Eier (Größe M)
250 g Weizenmehl
1 gestr. TL Backpulver
125 g Korinthen

Für den Belag:
100 g abgezogene, fein gehackte Mandeln
3 EL Grümmel oder Kandisfarin

Zubereitungszeit:
20 Minuten

Insgesamt:
E: 72 g, F: 309 g, Kh: 321 g, kJ: 19242, kcal: 4597

SCHNELL

1 Für den Teig Butter oder Margarine mit Handrührgerät mit Rührbesen auf höchster Stufe geschmeidig rühren. Nach und nach Zucker, Vanillin-Zucker und Rum unterrühren, so lange rühren, bis eine gebundene Masse entstanden ist. Eier nach und nach unterrühren (jedes Ei etwa ½ Minute).

2 Mehl mit Backpulver mischen, sieben und portionsweise auf mittlerer Stufe unterrühren. Die Korinthen hinzufügen. Den Teig auf ein Backblech (30 x 40 cm, gefettet, mit Backpapier belegt) streichen.

3 Für den Belag Mandeln und Grümmel auf dem Teig verteilen. Das Backblech in den Backofen schieben.

Ober-/Unterhitze: etwa 180 °C (vorgeheizt)
Heißluft: etwa 160 °C (vorgeheizt)
Gas: Stufe 2–3 (vorgeheizt)
Backzeit: etwa 25 Minuten.

4 Das Gebäck noch warm in beliebig große Schnitten schneiden.

Tipp: *Grümmel ist zerstoßener, brauner Kandis. Kandisfarin wird ebenfalls aus braunem Kandis hergestellt, allerdings ist er etwas feiner in der Körnung als Grümmel. Anstelle der Mandeln schmecken auch gemahlene Haselnusskerne. Für Kinder den Rum durch Apfelsaft ersetzen. 1–2 Tage vor dem Verzehr zubereiten.*

Englische
Teeschnitten

Kokoskuchen

Zutaten

Für den Hefeteig:
375 g Weizenmehl
1 Pck. Trockenhefe
50 g Zucker
1 Pck. Vanillin-Zucker
1 Prise Salz
1 Ei (Größe M)
150 ml lauwarme Milch
50 g zerlassene, abgekühlte Butter oder Margarine

Für den Belag:
200 g Butter
150 g Zucker
1 Pck. Vanillin-Zucker
200 g Kokosraspel
3 Eier (Größe M)

Zum Bestreichen:
20 g zerlassene Butter
150 ml heiße Milch

Zum Besprenkeln:
50 g Zartbitterschokolade

Zubereitungszeit:
30 Minuten, ohne Abkühl- und Teiggehzeit

Insgesamt:
E: 99 g, F: 354 g, Kh: 537 g, kJ: 24783, kcal: 5921

FÜR KINDER

1 Für den Teig Mehl in eine Rührschüssel sieben und mit der Hefe sorgfältig vermischen. Zucker, Vanillin-Zucker, Salz, Ei, Milch und Butter oder Margarine hinzufügen. Die Zutaten mit Handrührgerät mit Knethaken zunächst auf niedrigster, dann auf höchster Stufe in etwa 5 Minuten zu einem glatten Teig verarbeiten. Den Teig zugedeckt so lange an einem warmen Ort stehen lassen, bis er sich sichtbar vergrößert hat.

2 Für den Belag Butter zerlassen, Zucker und Vanillin-Zucker hinzufügen und aufkochen lassen. Gelegentlich umrühren. Die Kokosraspel hinzufügen, unter Rühren leicht bräunen und erkalten lassen. Eier unterrühren.

3 Den gegangenen Teig auf der Arbeitsfläche nochmals kurz durchkneten und auf einem Backblech (30 x 40 cm, gefettet) ausrollen. Den Teig mit der Butter bestreichen. Vor den Teig ein mehrfach geknicktes Stück Alufolie legen. Den Belag auf den Teig streichen und das Backblech sofort in den Backofen schieben.

Ober-/Unterhitze: 200–220 °C (vorgeheizt)
Heißluft: 180–200 °C (vorgeheizt)
Gas: etwa Stufe 4 (vorgeheizt)
Backzeit: etwa 25 Minuten.

4 Das Blech auf einen Kuchenrost stellen, den heißen Kuchen mit Milch bepinseln, erkalten lassen.

5 Schokolade in kleine Stücke brechen und in einem klei-en Topf im Wasserbad bei schwacher Hitze zu einer geschmeidigen Masse verrühren. Den erkalteten Kuchen mit der Schokolade besprenkeln.

Kokosschnitten

Zutaten

Für den Knetteig:
300 g Weizenmehl
2 gestr. TL Backpulver
100 g Zucker
1 Pck. Vanillin-Zucker
1 Prise Salz
2 Eier (Größe M)
125 g Butter oder Margarine

Zum Bestreichen:
3–4 EL Johannisbeergelee

Für den Belag:
50 g zerlassene Butter
1 Becher (150 g)
Crème fraîche
75 g Kandis-Farin oder
Zucker
gemahlener Zimt
200 g Kokosraspel

Für die Glasur:
200 g Speisefettglasur

Zubereitungszeit:
35 Minuten, ohne Kühlzeit

Insgesamt:
E: 67 g, F: 281 g, Kh: 608 g, kJ: 22508, kcal: 5377

GUT VORZUBEREITEN – SCHNELL

1 Für den Teig Mehl mit Backpulver mischen und in eine Rührschüssel sieben. Zucker, Vanillin-Zucker, Salz, Eier und Butter oder Margarine hinzufügen. Alle Zutaten mit Handrührgerät mit Knethaken zu einem glatten Teig verarbeiten. Den Teig eine Zeit lang kalt stellen, anschließend auf einem Backblech (30 x 40 cm, gefettet) ausrollen.

2 Anschließend den Teigboden mit dem Johannisbeergelee bestreichen.

3 Für den Belag Butter mit Crème fraîche, Kandis-Farin oder Zucker, Zimt und Kokosraspeln verrühren. Die Masse in Häufchen auf den mit Konfitüre bestrichenen Teig geben, vorsichtig glatt streichen. Das Backblech in den Backofen schieben.

Ober-/Unterhitze: etwa 180 °C (vorgeheizt)
Heißluft: etwa 160 °C (vorgeheizt)
Gas: Stufe 2–3 (vorgeheizt)
Backzeit: etwa 25 Minuten.

4 Das Gebäck erkalten lassen und in Streifen von 3 x 8 cm schneiden.

5 Speisefettglasur nach Packungsanleitung auflösen, die Schnitten jeweils mit beiden Enden hineintauchen und auf Backpapier trocknen lassen.

Tipp: *Gut verpackt einige Tage (bis maximal 1 Woche) haltbar. Statt des Johannisbeergelees schmecken auch Aprikosen- oder Ananaskonfitüre.*

Würzige Kokosschnitten

Zutaten

Für den Rührteig:
150 g Butter oder Margarine
2 EL durch ein Sieb gestrichene Aprikosenkonfitüre
150 g Zucker
1 Pck. Vanillin-Zucker
1 Prise Salz
2 Tropfen Rum-Aroma
1 Msp. gemahlene Nelken
1 Msp. gemahlener Kardamom
½ gestr. TL gemahlener Zimt
4 Eier (Größe M)
175 g Weizenmehl
20 g Kakaopulver
2 gestr. TL Backpulver
1 EL Milch
125 g Kokosraspel

Für den Guss:
100 g Zartbitterschokolade
etwas Kokosfett

Zum Garnieren:
50 g weiße Schokolade

Zubereitungszeit:
35 Minuten, ohne Kühlzeiten

Insgesamt:
E: 75 g, F: 281 g, Kh: 366 g, kJ: 18458, kcal: 4409

GUT VORZUBEREITEN

1 Für den Teig Butter oder Margarine mit Handrührgerät mit Rührbesen auf höchster Stufe geschmeidig rühren. Nach und nach Aprikosenkonfitüre, Zucker, Vanillin-Zucker, Salz, Rum-Aroma, Nelken, Kardamom und Zimt unterrühren. So lange rühren, bis eine gebundene Masse entstanden ist. Nach und nach Eier unterrühren (jedes Ei etwa ½ Minute).

2 Mehl mit Kakao und Backpulver mischen, sieben und portionsweise abwechselnd mit Milch auf mittlerer Stufe unterrühren. Zuletzt Kokosraspel dazugeben. Den Teig auf ein Backblech (30 x 40 cm, gefettet, mit Backpapier belegt) streichen. Das Backblech in den Backofen schieben.

Ober-/Unterhitze: etwa 180 °C (vorgeheizt)
Heißluft: etwa 160 °C (vorgeheizt)
Gas: Stufe 2–3 (vorgeheizt)
Backzeit: etwa 20 Minuten.

3 Zum Garnieren weiße Schokolade in einem kleinen Topf im Wasserbad bei schwacher Hitze zu einer geschmeidigen Masse verrühren, dünn auf eine Platte streichen und fest werden lassen. Dann mit einem Spachtel dünne Späne abschaben.

4 Für den Guss Zartbitterschokolade in kleine Stücke brechen und mit Kokosfett in einem kleinen Topf im Wasserbad bei schwacher Hitze zu einer geschmeidigen Masse verrühren. Das abgekühlte Gebäck damit bestreichen, mit den Schokoladenspänen garnieren und in Vierecke (5 x 5 cm) schneiden.

Tipp: *Die Schnitten halten sich verpackt einige Tage frisch. Nach Belieben das Gebäck mit etwas Kakao bestäuben.*

Thüringer Mohnkuchen

Zutaten

Für den Quark-Öl-Teig:
300 g Weizenmehl
1 Pck. Backpulver
150 g Speisequark
6 EL Milch
6 EL Speiseöl
75 g Zucker
1 Pck. Vanillin-Zucker
1 Prise Salz

Für den Belag:
250 g gemahlener Mohn
100 ml heißes Wasser
1 Pck. Pudding-Pulver Vanille-Geschmack
50 g Weizengrieß
200 g Zucker
750 ml (¾ l) Milch
50 g Rosinen
½ Pck. Finesse Geriebene Zitronenschale
2 Eigelb (Größe M)
2 Eiweiß (Größe M)

Zubereitungszeit:
30 Minuten

Insgesamt:
E: 155 g, F: 230 g, Kh: 705 g, kJ: 23887, kcal: 5702

KLASSISCH – FÜR GÄSTE

1 Für den Teig Mehl mit Backpulver mischen und in eine Rührschüssel sieben. Quark, Milch, Öl, Zucker, Vanillin-Zucker und Salz hinzufügen, mit Handrührgerät mit Knethaken auf höchster Stufe in etwa 1 Minute zu einem Teig verarbeiten (nicht zu lange, Teig klebt sonst).

2 Anschließend auf der Arbeitsfläche zu einer Rolle formen. Den Teig auf einem Backblech (30 x 40 cm, gefettet, mit Backpapier belegt) ausrollen.

3 Für den Belag Mohn mit Wasser übergießen und gut abtropfen lassen.

4 Pudding-Pulver mit Grieß und Zucker mischen und mit 8 Esslöffeln von der Milch anrühren. Die übrige Milch zum Kochen bringen, Pudding-Pulver-Mischung unter Rühren in die von der Kochstelle genommene Milch geben. Anschließend kurz aufkochen lassen.

5 Mohn, Rosinen und Zitronenschale unterrühren und die Hälfte davon auf den Teig streichen. Unter den Rest Eigelb rühren. Eiweiß steif schlagen, unterheben und auf die Mohn-Rosinen-Masse streichen. Das Backblech in den Backofen schieben.

Ober-/Unterhitze: etwa 180 °C (vorgeheizt)
Heißluft: etwa 160 °C (vorgeheizt)
Gas: Stufe 2–3 (vorgeheizt)
Backzeit: 25–30 Minuten.

6 Das Backblech auf einen Kuchenrost stellen und den Kuchen erkalten lassen.

Thüringer Streuselkuchen

Zutaten

Für den Hefeteig:
375 g Weizenmehl
1 Pck. Trockenhefe
50 g Zucker
1 Pck. Vanillin-Zucker
1 Prise Salz
1 Ei (Größe M)
150–200 ml lauwarme Milch
50 g zerlassene, abgekühlte Butter oder Margarine
20 g zerlassene Butter

Für die Streusel:
300 g Weizenmehl
150 g Zucker
1 Pck. Vanillin-Zucker
200 g weiche Butter oder Margarine
10 g Kakaopulver

Zum Beträufeln:
125 ml (⅛ l) Milch
60 g Butter
100 g zerlassene Butter
Puderzucker

Zubereitungszeit:
35 Minuten, ohne Teiggeh- und Kühlzeit

Insgesamt:
E: 108 g, F: 304 g, Kh: 705 g, kJ: 25951, kcal: 6197

KLASSSISCH

1 Für den Teig das Mehl in eine Rührschüssel sieben und mit der Hefe sorgfältig vermischen. Den Zucker, Vanillin-Zucker, Salz, Ei, Milch und Butter (50 g) hinzufügen. Die Zutaten mit Handrührgerät mit Knethaken zunächst auf niedrigster, dann auf höchster Stufe in etwa 5 Minuten zu einem glatten Teig verarbeiten.

2 Den Teig zugedeckt so lange an einem warmen Ort stehen lassen, bis er sich sichtbar vergrößert hat. Den Teig nochmals kurz durchkneten und auf einem Backblech (30 x 40 cm, gefettet) ausrollen. Den Teig mit der Butter (20 g) bestreichen. Vor den Teig einen mehrfach geknickten Streifen Alufolie legen.

3 Für die Streusel das Mehl in eine Rührschüssel sieben. Zucker, Vanillin-Zucker und Butter hinzufügen und mit Handrührgerät mit Knethaken zu Streuseln von gewünschter Größe verarbeiten.

4 Die Hälfte der Streusel auf dem Boden verteilen. Unter die restlichen Streusel den Kakao arbeiten und die Lücken damit füllen, so dass ein schwarz-weißes Muster entsteht. Den Teig nochmals an einem warmen Ort gehen lassen, bis er sich sichtbar vergrößert hat und erst dann das Backblech in den Backofen schieben.

Ober-/Unterhitze: 200–220 °C (vorgeheizt)
Heißluft: 180–200 °C (vorgeheizt)
Gas: etwa Stufe 4 (vorgeheizt)
Backzeit: 15–20 Minuten.

5 Zum Beträufeln die Milch erhitzen, die Butter (60 g) darin auflösen und den noch heißen Kuchen damit beträufeln, erkalten lassen. Den erkalteten Kuchen mit der zerlassenen Butter bestreichen und mit Puderzucker bestäuben.

Tipp: *Der Teig kann auch mit 1 Dose Aprikosen (Abtropfgewicht 480 g) belegt werden, bevor er mit Streuseln bestreut wird (Titelfoto).*

Gewürzschnitten

Zutaten

Für den Rührteig:
6 schwach geh. TL Instant-Kaffeepulver
250 ml (¼ l) Wasser
200 g Zucker
40 g Kakaopulver
175 g kleine Rosinen
125 g Butter
65 g gesiebter Puderzucker
1 Pck. Vanillin-Zucker
3 Eier (Größe M)
½ gestr. TL Salz
1 geh. TL gemahlener Zimt
1 gestr. TL gemahlene Muskatblüte (Macis)
je ½ gestr. TL Nelken und gemahlener Kardamom
½ Fläschchen Rum-Aroma
250 g Weizenmehl
1 gestr. TL Backpulver

Zum Betäuben:
Puderzucker

Zubereitungszeit:
30 Minuten, ohne Kühlzeit

Insgesamt:
E: 73 g, F: 141 g, Kh: 583 g, kJ: 16817, kcal: 4017

GUT VORZUBEREITEN

1 Für den Teig Instant-Kaffee in einem kleinen Topf mit Wasser verrühren. Zucker, Kakao und Rosinen dazugeben, unter Rühren zum Kochen bringen, 15 Minuten kochen lassen. Anschließend kalt stellen.

2 Butter geschmeidig rühren. Nach und nach Puderzucker, Vanillin-Zucker, Eier, Salz, Zimt, Muskat, Nelken, Kardamom und Rum-Aroma unterrühren.

3 Mehl mit Backpulver mischen, sieben und portionsweise unterrühren. Zum Schluss die erkaltete Rosinenmasse unterrühren.

4 Den Teig auf ein gefettetes Backblech (etwa 15 x 40 cm) streichen. Vor den Teig einen mehrfach geknickten Streifen Alufolie legen. Das Backblech in den Backofen schieben.

Ober-/Unterhitze: etwa 180 °C (vorgeheizt)
Heißluft: etwa 160 °C (vorgeheizt)
Gas: Stufe 2-3 (vorgeheizt)
Backzeit: etwa 30 Minuten.

5 Das erkaltete Gebäck in Rauten schneiden und mit Puderzucker bestäuben.

Honigkuchen

Zutaten

Für den Rührteig:
250 g Honig
125 g Margarine oder Butter
2 Eier (Größe M)
1 Pck. Lebkkuchengewürz
abgeriebene Schale von
1 Zitrone (unbehandelt)
375 g Weizenmehl
1 Pck. Backpulver
2 TL Kakaopulver
100 g Korinthen
100 g gemahlene Haselnusskerne
2 EL Milch
100 g abgezogene, gehobelte Mandeln

Zum Aprikotieren:
5 EL Aprikosen-Maracuja-Konfitüre

Für den Guss:
200 g Halbbitterschokolade
2 EL Kokosfett

Zubereitungszeit:
30 Minuten, ohne Kühlzeit

Insgesamt:
E: 118 g, F: 328 g, Kh: 751 g, kJ: 27961, kcal: 6679

GUT VORZUBEREITEN

1 Für den Teig Honig mit Margarine oder Butter in einem Topf unter Rühren langsam erwärmen, zerlassen, in eine Rührschüssel geben und kalt stellen.

2 Unter die fast erkaltete Masse mit Handrührgerät mit Rührbesen auf höchster Stufe Eier, Lebkuchengewürz und Zitronenschale rühren.

3 Mehl mit Backpulver und Kakao mischen, sieben und portionsweise unterrühren. Korinthen und Haselnüsse unterrühren.

4 Den Teig auf ein Backblech (30 x 40 cm, gefettet, mit Backpapier belegt) streichen, mit Milch bestreichen und mit Mandeln bestreuen. Das Backblech in den Backofen schieben.

Ober-/Unterhitze: etwa 170 °C (vorgeheizt)
Heißluft: etwa 150 °C (vorgeheizt)
Gas: etwa Stufe 2 (vorgeheizt)
Backzeit: etwa 20 Minuten.

5 Zum Aprikotieren Konfitüre durch ein Sieb streichen, den Kuchen sofort nach dem Backen damit bestreichen, auf einen Kuchenrost stellen und erkalten lassen.

6 Für den Guss Schokolade in kleine Stücke brechen, mit Kokosfett in einem kleinen Topf im Wasserbad bei schwacher Hitze zu einer geschmeidigen Masse verrühren und auf den erkalteten Kuchen streichen. Wenn der Guss noch nicht ganz fest ist, Kuchen nach Belieben garnieren und den Guss fest werden lassen. Kuchen in beliebig große Stücke schneiden.

Honig-Frucht-Schnitten

Zutaten

Für den Knetteig:
175 g fein gemahlener Grünkern (Reformhaus, Bioladen)
50 g Weizenmehl Type 1050
½ gestr. TL Backpulver
50 g flüssiger Honig
1 Pck. Vanillin-Zucker
1 Ei (Größe M)
75 g weiche Butter

Für den Belag:
je 100 g entsteinte, getrocknete Pflaumen und Aprikosen
je 50 g getrocknete Apfelringe, Bananenchips, abgezogene, gestiftelte Mandeln, gehackte Cashewkerne
100 g gehobelte Haselnusskerne
150 g flüssiger Honig
100 g Butter
1 Pck. Bourbon-Vanille-Zucker

Zubereitungszeit:
35 Minuten, ohne Kühlzeit

Insgesamt:
E: 65 g, F: 207 g, Kh: 509 g, kJ: 18176, kcal: 4343

FÜR KINDER

1 Für den Teig Grünkern und Mehl in eine Rührschüssel geben und mit Backpulver mischen. Honig, Vanillin-Zucker, Ei und Butter hinzufügen. Die Zutaten mit Handrührgerät mit Knethaken zunächst kurz auf niedrigster, dann auf höchster Stufe gut durcharbeiten.

2 Anschließend auf der bemehlten Arbeitsfläche zu einem glatten Teig verkneten, zugedeckt 30 Minuten kühl stellen. Den Teig nochmals kurz durchkneten und anschließend auf einem Backblech (30 x 40 cm, gefettet, mit Backpapier belegt) ausrollen (dabei zwischendurch mit etwas Mehl bestäuben).

3 Für den Belag Trockenfrüchte klein schneiden und mit Mandeln, Cashewkernen und Haselnusskernen mischen. Honig, Butter und Bourbon-Vanille-Zucker in einem Topf unter Rühren erhitzen, bis alles aufgelöst ist.

4 Die Früchte-Nuss-Mischung unter die Honig-Butter-Masse rühren. Den Belag noch warm gleichmäßig auf den Knetteig streichen. Das Backblech in den Backofen schieben.

Ober-/Unterhitze: etwa 180 °C (vorgeheizt, unteres Drittel des Backofens)
Heißluft: etwa 160 °C (vorgeheizt)
Gas: Stufe 2–3 (vorgeheizt)
Backzeit: etwa 25 Minuten.

5 Das Gebäck erkalten lassen. Zugedeckt über Nacht stehen lassen, dann erst in 4 x 10 cm große Rechtecke schneiden.

Tipp: *Bereits gemischte Trockenfrüchte verwenden (müssen evtl. noch entsteint werden).*

Pfefferkuchenstreifen

1 Sirup oder Honig, Zucker und Butter oder Margarine langsam erwärmen, zerlassen, in eine Rührschüssel geben und kalt stellen. Unter die fast erkaltete Masse mit Handrührgerät mit Rührbesen auf höchster Stufe Eigelb, Rum, Vanillin-Zucker, Lebkuchengewürz und Salz rühren.

2 Mehl mit Backpulver mischen, sieben, zur Sirup-Butter-Masse geben, mit Handrührgerät mit Knethaken zunächst kurz auf niedrigster, dann auf höchster Stufe gut durcharbeiten, anschließend auf der Arbeitsfläche zu einem glatten Teig verkneten, eine Zeit lang kalt stellen.

3 Den Teig auf einem Backblech (30 x 40 cm, gefettet, mit Backpapier belegt) ausrollen. Konfitüre durch ein Sieb streichen, auf den Teig streichen.

4 Für den Belag 2 Eiweiß mit Zucker, Mandeln und Zimt bei schwacher Hitze erwärmen, erkalten lassen. Das übrige Eiweiß steif schlagen, unterziehen. Die Masse auf die Konfitüre streichen. Das Backblech in den Backofen schieben.

Ober-/Unterhitze: etwa 180 °C (vorgeheizt)
Heißluft: etwa 160 °C (vorgeheizt)
Gas: Stufe 2–3 (vorgeheizt)
Backzeit: etwa 20 Minuten.

5 Das Backblech auf einen Kuchenrost stellen, das Gebäck erkalten lassen und es dann in Streifen (5 x 2 cm) schneiden.

Zutaten

Für den Rührteig:
150 g Sirup oder flüssiger Honig
50 g Zucker
100 g Butter oder Margarine
3 Eigelb (Größe M)
1 EL Rum
1 Pck. Vanillin-Zucker
1 Pck. Lebkuchengewürz
1 Prise Salz
300 g Weizenmehl
2 gestr. TL Backpulver

200 g Aprikosenkonfitüre

Für den Belag:
3 Eiweiß (Größe M)
100 g Zucker
125 g abgezogene, gemahlene Mandeln
½ TL gemahlener Zimt

Zubereitungszeit:
30 Minuten, ohne Kühlzeit

Insgesamt:
E: 90 g, F: 176 g, Kh: 610 g, kJ: 19295, kcal: 4607

RAFFINIERT

Frankfurter Cremeschnitten

Zutaten

Für den Rührteig:
250 g Butter oder Margarine
200 g Zucker
1 Pck. Vanillin-Zucker
1 Pck. Finesse Geriebene Zitronenschale
4 Eier (Größe M)
250 g Weizenmehl
2 gestr. TL Backpulver

Für den Krokant:
1 Msp. Butter, 30 g Zucker
75 g abgezogene, gehackte Mandeln, etwas Speiseöl

Für die Füllung:
300 ml Milch
1 Pck. Tortencreme Vanille-Geschmack, 200 g Butter

Maraschinokirschen

Zubereitungszeit:
25 Minuten, ohne Kühlzeit

Insgesamt:
E: 92 g, F: 467 g, Kh: 433 g, kJ: 27528, kcal: 6575

SCHNELL – RAFFINIERT

1 Für den Teig Fett mit Handrührgerät mit Rührbesen auf höchster Stufe geschmeidig rühren. Zucker, Vanillin-Zucker und Zitronenschale unterrühren. Eier nach und nach unterrühren (jedes Ei etwa ½ Minute). Mehl mit Backpulver mischen, sieben und portionsweise auf mittlerer Stufe unterrühren. Den Teig auf ein Backblech (30 x 40 cm, gefettet, mit Backpapier belegt) streichen. Das Backblech in den Backofen schieben.

Ober-/Unterhitze: etwa 180 °C (vorgeheizt)
Heißluft: etwa 160 °C (vorgeheizt)
Gas: Stufe 2–3 (vorgeheizt)
Backzeit: etwa 25 Minuten.

2 Das Backblech auf einen Kuchenrost stellen und das Gebäck erkalten lassen.

3 Für den Krokant Butter und Zucker zerlassen und unter Rühren schwach bräunen. Mandeln hinzufügen und unter Rühren erhitzen. Die Masse auf einer mit Öl bestrichenen Platte erkalten lassen. Die Krokantplatte in kleine Stücke zerstoßen.

4 Für die Füllung aus Milch, Tortencreme und Butter nach Packungsanleitung eine Creme zubereiten.

5 Gebäck einmal durchschneiden, unteren Boden mit ⅔ der Creme bestreichen und oberen darauf legen. Rand und Oberfläche mit Creme (etwas Creme zurückbehalten) bestreichen. Rand mit Krokant bestreuen, mit der restlichen Creme und Maraschinokirschen garnieren.

Erfrischende Cremeschnitten

Zutaten

Für den Biskuitteig:
2 Eier (Größe M)
2–3 EL heißes Wasser
100 g Zucker
1 Pck. Vanillin-Zucker
75 g Weizenmehl
25 g Speisestärke
10 g Kakaopulver
1 gestr. TL Backpulver
50 g zerlassene, abgekühlte Butter

Für die Füllung:
1 Pck. Tortencreme Vanille-Geschmack
300 ml Milch
abgeriebene Schale von 1 Zitrone (unbehandelt)
4 EL Zitronensaft
200 g Butter

Zum Garnieren:
Zitronenscheiben
in dünne Streifen geschnittene Zitronenschale (unbehandelt)

Zubereitungszeit:
25 Minuten, ohne Kühlzeit

Insgesamt:
E: 41 g, F: 234 g, Kh: 209 g, kJ: 13446, kcal: 3211

FÜR GÄSTE – RAFFINIERT

1 Für den Teig Eier und Wasser mit Handrührgerät mit Rührbesen auf höchster Stufe in 1 Minute schaumig schlagen. Zucker mit Vanillin-Zucker mischen, in 1 Minute einstreuen und dann noch etwa 2 Minuten schlagen.

2 Mehl mit Speisestärke, Kakao und Backpulver mischen, die Hälfte davon auf die Eiercreme sieben, kurz auf niedrigster Stufe unterrühren und den Rest des Mehlgemisches auf die gleiche Weise unterarbeiten. Butter unterrühren. Den Teig auf ein Backblech (30 x 40 cm, gefettet, mit Backpapier belegt) streichen. Sofort backen.

Ober-/Unterhitze: etwa 180 °C (vorgeheizt)
Heißluft: etwa 160 °C (vorgeheizt)
Gas: Stufe 2–3 (vorgeheizt)
Backzeit: etwa 12 Minuten.

3 Den Biskuit auf einen mit Backpapier belegten Kuchenrost stürzen, gut auskühlen lassen.

4 Für die Füllung aus Tortencreme und Milch nach Packungsanleitung eine Creme zubereiten. Zitronenschale und -saft hinzufügen.

5 Butter mit Handrührgerät mit Rührbesen geschmeidig rühren und die Creme auf einmal unter ständigem Rühren dazugeben.

6 Den Biskuit senkrecht dritteln, den ersten Boden mit ⅓ der Creme bestreichen, den zweiten darauf legen, mit der Hälfte der restlichen Creme bestreichen und mit dem dritten bedecken. Rand und Oberfläche des Gebäcks gleichmäßig mit der Creme (etwas zum Verzieren beiseite stellen) bestreichen. Die obere Seite mit Creme verzieren und mit Zitronenscheiben und Zitronenschale garnieren. Die Cremeschnitten gekühlt servieren.

Tipp: *Anstelle der Zitrone 1 Orange verwenden. Maximal einen Tag vor dem Verzehr zubereiten.*

Schoko-Trüffel-Schnitten

Zutaten

Für den Rührteig:
125 g Butter
150 g Zucker
1 Pck. Vanillin-Zucker
1 Pck. Finesse Orangenfrucht
1 Prise Salz
4 Eier (Größe M)
175 g Weizenmehl
25 g Speisestärke
2 gestr. TL Backpulver

Für den Guss:
300 g weiße Kuvertüre
1 EL Speiseöl

Für die Trüffelcreme:
250 g klein gehackte Halbbitter-Kuvertüre
200 ml Schlagsahne
50 g weiche Butter

Zubereitungszeit:
60 Minuten, ohne Kühlzeit

Insgesamt:
E: 112 g, F: 374 g, Kh: 673 g, kJ: 28020, kcal: 6695

FÜR GÄSTE

1 Für den Teig Butter mit Handrührgerät mit Rührbesen auf höchster Stufe geschmeidig rühren. Nach und nach Zucker, Vanillin-Zucker, Orangenfrucht und Salz unterrühren. So lange rühren, bis eine gebundene Masse entstanden ist. Eier nach und nach unterrühren (jedes Ei etwa ½ Minute). Mehl mit Speisestärke und Backpulver mischen, sieben und auf mittlerer Stufe unterrühren.

2 Den Teig auf ein Backblech (30 x 40 cm, gefettet, mit Backpapier belegt) streichen und das Backblech in den Backofen schieben.

Ober-/Unterhitze: etwa 180 °C (vorgeheizt)
Heißluft: etwa 160 °C (vorgeheizt)
Gas: Stufe 2–3 (vorgeheizt)
Backzeit: etwa 15 Minuten.

3 Das Backblech auf einen Kuchenrost stellen und den Kuchen erkalten lassen.

4 Für den Guss die Kuvertüre grob hacken, mit Speiseöl in einem kleinen Topf im Wasserbad bei schwacher Hitze zu einer geschmeidigen Masse verrühren. Knapp ⅓ der Kuvertüre auf eine Platte gießen und fest werden lassen. Die restliche Kuvertüre auf dem Kuchen verteilen.

5 Die Gebäckplatte in 24 Rechtecke (5 x10 cm) schneiden und vom Blech nehmen.

6 Für die Trüffelcreme die Sahne aufkochen, die Kuvertüre darin unter Rühren auflösen und mit Klarsichtfolie bedeckt erkalten lassen. Die Butter mit Handrührgerät mit Rührbesen schaumig rühren und kurz unter die Schoko-Sahne-Masse rühren. Die Gebäckrechtecke einzeln mit Trüffelcreme bestreichen und jeweils sofort 2 Stück übereinander setzen.

7 Von der Kuvertüre-Platte mit Hilfe eines Spachtels Locken schaben und die Rechtecke damit garnieren.

Friesenschnitten

Zutaten

Für den Knetteig:
200 g Weizenmehl
1 Msp. Backpulver
50 g Zucker
1 Pck. Vanillin-Zucker
2 Eigelb (Größe M)
100 g Butter oder Margarine

Für die Makronenmasse:
1 Eiweiß (Größe M)
50 g Zucker
1 Pck. Bourbon-Vanille-Zucker
3 Tropfen Zitronen-Aroma
100 g abgezogene, gemahlene Mandeln

Puderzucker

Für Füllung und Belag:
500 ml (½ l) Schlagsahne
2 Pck. Sahnesteif
3 EL Hagebuttenkonfitüre
2 EL Zitronensaft

Zubereitungszeit:
45 Minuten, ohne Kühlzeit

Insgesamt:
E: 69 g, F: 307 g, Kh: 326 g, kJ: 18908, kcal: 4518

FÜR GÄSTE

1 Für den Teig Mehl mit Backpulver mischen, in eine Rührschüssel sieben. Zucker, Vanillin-Zucker, Eigelb und Butter oder Margarine hinzufügen. Die Zutaten mit Handrührgerät mit Knethaken zunächst kurz auf niedrigster Stufe, dann auf höchster Stufe gut durcharbeiten, anschließend auf der Arbeitsfläche zu einem glatten Teig verkneten.

2 Den Teig zu einem Rechteck (48 x 24 cm) ausrollen, in 16 Stücke (12 x 6 cm) schneiden, auf ein Backblech (30 x 40 cm, gefettet, mit Backpapier belegt) legen, mehrmals mit einer Gabel einstechen.

3 Für die Makronenmasse Eiweiß sehr steif schlagen, Zucker, Bourbon-Vanille-Zucker und Zitronen-Aroma unterschlagen, die Mandeln unterheben. Die Masse in einen Spritzbeutel mit Lochtülle (Ø ½ cm) füllen und 8 der Teigplatten damit bespritzen. Das Backblech in den Backofen schieben.

Ober-/Unterhitze: 180–200 °C (vorgeheizt)
Heißluft: 160–180 °C (vorgeheizt)
Gas: etwa Stufe 3 (vorgeheizt)
Backzeit: etwa 15 Minuten.

4 Das Gebäck sofort vom Backblech lösen, erkalten lassen. Die mit Makronenmasse bespritzten Gebäckstücke mit Puderzucker bestäuben.

5 Für Füllung und Belag Sahne mit Sahnesteif steif schlagen, Konfitüre und Zitronensaft unterrühren. Die Masse in einen Spritzbeutel mit gezackter Tülle füllen. Gut die Hälfte davon auf die Unterseite der Gebäckstücke ohne Makronenmasse spritzen, mit den Gebäckstücken mit Makronenmasse belegen. Die Schnitten mit der restlichen Hagebuttensahne verzieren.

Gefüllter Streuselkuchen

Zutaten

Für den Hefeteig:
400 g Weizenmehl
1 Pck. Trockenhefe
100 g Zucker
1 Pck. Vanillin-Zucker
1 Ei (Größe M)
200 ml lauwarme Milch
75 g zerlassene abgekühlte Butter

Für die Streusel:
300 g Weizenmehl
150 g Zucker
1 Pck. Vanillin-Zucker
200 g weiche Butter
50 g abgezogene, gemahlene Mandeln oder Haselnusskerne

Für die Füllung:
1 l Milch
100 g Zucker
2 Pck. Pudding-Pulver Vanille-, Sahne-, Karamell- oder Mandel-Geschmack
2 Eier (Größe M)
75 g weiche Butter

Zubereitungszeit:
45 Minuten, ohne Teiggeh- und Kühlzeit

Insgesamt:
E: 165 g, F: 391 g, Kh: 1021 g, kJ: 35780, kcal: 8540

FÜR GÄSTE

1 Für den Teig Mehl in eine Schüssel sieben, mit der Hefe sorgfältig vermischen. Zucker, Vanillin-Zucker, Ei, Milch und Butter hinzufügen. Die Zutaten mit Handrührgerät mit Knethaken zunächst auf niedrigster, dann auf höchster Stufe in etwa 5 Minuten zu einem Teig verarbeiten.

2 Den Teig zugedeckt so lange an einem warmen Ort stehen lassen, bis er sich sichtbar vergrößert hat. Ihn dann auf der Arbeitsfläche nochmals kurz durchkneten. Den Teig auf einem Backblech (30 x 40 cm, gefettet, mit Backpapier belegt) ausrollen.

3 Für die Streusel Mehl in eine Rührschüssel sieben, mit Zucker und Vanillin-Zucker mischen. Butter und Mandeln oder Haselnusskerne hinzufügen. Alle Zutaten mit Handrührgerät mit Knethaken zu Streuseln von gewünschter Größe verarbeiten und gleichmäßig auf dem Teig verteilen. Den Teig nochmals so lange an einem warmen Ort gehen lassen, bis er sich sichtbar vergrößert hat. Das Backblech in den Backofen schieben.

Ober-/Unterhitze: 200–220 °C (vorgeheizt)
Heißluft: 180–200 °C (vorgeheizt)
Gas: etwa Stufe 4 (vorgeheizt)
Backzeit: 20–25 Minuten.

4 Das Gebäck auf dem Backblech auf einem Kuchenrost erkalten lassen.

5 Für die Füllung aus Milch, Zucker, Pudding-Pulver und Eiern nach Packungsanleitung einen Pudding kochen (die Eier unter das angerührte Pudding-Pulver rühren). In 2–3 Portionen die Butter unter den heißen Pudding rühren. Die Masse unter gelegentlichem Umrühren erkalten lassen.

6 Den Kuchen halbieren oder vierteln, die einzelnen Stücke waagerecht durchschneiden, jeweils die untere Hälfte mit etwas von der Creme bestreichen, mit der oberen Hälfte bedecken.

Bienenstich

Zutaten

Für den Hefeteig:
375 g Weizenmehl
1 Pck. Trockenhefe
50 g Zucker
1 Pck. Vanillin-Zucker
1 Prise Salz
1 Ei (Größe M)
200 ml lauwarme Milch
50 g zerlassene, abgekühlte Butter

Für den Belag:
150 g Butter
150 g Zucker
1 Pck. Vanillin-Zucker
2–3 EL Schlagsahne
200 g abgezogene, gehobelte Mandeln

Für die Füllung:
2 Pck. Pudding-Pulver Vanille-Geschmack
75 g Zucker
750 ml (¾ l) Milch
250 ml (¼ l) Schlagsahne
1 Pck. Sahnesteif

Zubereitungszeit:
50 Minuten, ohne Teiggeh- und Abkühlzeit

Insgesamt:
E: 137 g, F: 412 g, Kh: 740 g, kJ: 31425, kcal: 7503

FÜR GÄSTE

1 Für den Teig Mehl in eine Rührschüssel sieben, mit Hefe sorgfältig vermischen. Restliche Zutaten hinzufügen. Die Zutaten mit Handrührgerät mit Knethaken zunächst auf niedrigster, dann auf höchster Stufe in etwa 5 Minuten zu einem Teig verarbeiten.

2 Den Teig zugedeckt so lange an einem warmen Ort stehen lassen, bis er sich sichtbar vergrößert hat. Den Teig auf der Arbeitsfläche nochmals kurz durchkneten, auf einem Backblech (30 x 40 cm, gefettet, mit Backpapier belegt) ausrollen und mehrmals mit einer Gabel einstechen. Vor den Teig einen mehrfach umgeknickten Streifen Alufolie legen.

3 Für den Belag Butter mit Zucker, Vanillin-Zucker und Sahne unter Rühren zerlassen, Mandeln unterrühren, zum Kochen bringen. Die Masse etwas abkühlen lassen und gleichmäßig auf dem Teig verteilen. Teig nochmals so lange an einem warmen Ort stehen lassen, bis er sich sichtbar vergrößert hat. Das Backblech in den Backofen schieben.

Ober-/Unterhitze: 200–220 °C (vorgeheizt)
Heißluft: 180–200 °C (vorgeheizt)
Gas: etwa Stufe 4 (vorgeheizt)
Backzeit: etwa 15 Minuten.

4 Das Backblech auf einen Kuchenrost stellen und den Kuchen erkalten lassen.

5 Für die Füllung nach Packungsanleitung (aber nur mit ¾ l Milch) einen Pudding zubereiten, kalt stellen, ab und zu durchrühren. Sahne mit Sahnesteif steif schlagen und vorsichtig unter den erkalteten Pudding rühren.

6 Das erkaltete Gebäck vierteln, jedes Stück waagerecht durchschneiden und mit der Creme füllen.

Tipp: *Anstelle der Schlagsahne 100 g Butter unter den noch heißen Pudding rühren, kalt stellen, ab und zu durchrühren.*

Süße Schnitten

Zutaten

Für den Rührteig:
- 175 g Butter oder Margarine
- 250 g brauner Zucker
- 1 Pck. Vanillin-Zucker
- 2 Eigelb (Größe M)
- 250 g Weizenmehl
- 2 gestr. TL Backpulver
- 100 ml Schlagsahne
- 1 TL gemahlener Zimt
- 100 g grob gehackte Walnusskerne
- 2 Eiweiß (Größe M)

Zum Aprikotieren:
- 300 g Aprikosenkonfitüre

Zum Belegen:
- 200 g Marzipan-Rohmasse
- 150 g gesiebter Puderzucker
- 1 Pck. Finesse Jamaica-Rum-Aroma

Zum Einfärben:
- Speisefarbe blau, rot, grün

Zum Garnieren:
- Walnusskerne, Zuckerschrift

Zubereitungszeit:
50 Minuten, ohne Kühlzeit

Insgesamt:
E: 92 g, F: 283 g, Kh: 864 g, kJ: 27330, kcal: 6526

GUT VORZUBEREITEN

1 Für den Teig Fett mit Handrührgerät mit Rührbesen auf höchster Stufe geschmeidig rühren. Nach und nach Zucker und Vanillin-Zucker unterrühren. So lange rühren, bis eine gebundene Masse entstanden ist. Eigelb nach und nach unterrühren (jedes Eigelb knapp ½ Minute).

2 Mehl mit Backpulver mischen, sieben und abwechselnd portionsweise mit der Sahne auf mittlerer Stufe unterrühren. Zimt und Walnusskerne unterrühren.

3 Eiweiß steif schlagen und unterheben. Den Teig auf ein Backblech (30 x 40 cm, gefettet, mit Backpapier belegt) streichen. Das Backblech in den Backofen schieben.

Ober-/Unterhitze: etwa 180 °C (vorgeheizt)
Heißluft: etwa 160 °C (vorgeheizt)
Gas: Stufe 2–3 (vorgeheizt)
Backzeit: etwa 20 Minuten.

4 Den Kuchen auf einen mit Backpapier belegten Kuchenrost stürzen und abkühlen lassen. Das Gebäck in etwa 4 x 8 cm große Rechtecke schneiden.

5 Zum Aprikotieren Konfitüre durch ein Sieb streichen, erwärmen und das Gebäck damit bestreichen.

6 Zum Belegen Marzipan mit Puderzucker und Aroma verkneten, in 3 Portionen teilen und einfärben. Marzipan zwischen Klarsichtfolie dünn ausrollen, ebenfalls in 4 x 8 cm große Rechtecke schneiden. Die Gebäckstücke jeweils mit blauem, rotem und grünem Marzipan belegen. Die Schnitten mit Walnusshälften und Zuckerschrift verzieren und garnieren.

Tipp: *Für Kinder statt des Rum-Aromas 2 Esslöffel Orangensaft verwenden. Hält sich gut verpackt mehrere Tage frisch. Mindestens 1 Tag durchziehen lassen. Gut schmecken die Schnitten, wenn zusätzlich noch 1 kleingeschnittene Banane hinzugefügt wird.*

Rotweinkuchen

Zutaten

Für den Rührteig:
125 g Rosinen
250 ml (¼ l) Rotwein
250 g Butter oder Margarine
250 g Zucker
2 Pck. Vanillin-Zucker
5 Eier (Größe M)
325 g Weizenmehl
40 g Kakaopulver
2 gestr. TL gemahlener Zimt
4 gestr. TL Backpulver

Zum Bestreuen:
150 g geraspelte Vollmilchschokolade

Zum Verzieren:
200–250 ml Schlagsahne
1 EL Zucker, 1 Pck. Sahnesteif
evtl. geraspelte Schokolade

Zubereitungszeit:
25 Minuten, ohne Kühlzeit

Insgesamt:
E: 105 g, F: 370 g, Kh: 706 g, kJ: 28958, kcal: 6920

SCHNELL – RAFFINIERT

1 Für den Teig Rosinen mit dem Rotwein übergießen und am besten über Nacht stehen lassen.

2 Butter oder Margarine mit Handrührgerät mit Rührbesen geschmeidig rühren. Nach und nach Zucker und Vanillin-Zucker unterrühren. So lange rühren, bis eine gebundene Masse entstanden ist. Eier nach und nach unterrühren (jedes Ei etwa 1/2 Minute). Mehl, Kakao, Zimt und Backpulver mischen, sieben und portionsweise auf mittlerer Stufe unterrühren. Zuletzt Rosinen mit Rotwein unterheben.

3 Den Teig auf ein Backblech (30 x 40 cm, gefettet, mit Backpapier belegt) geben, glatt streichen und mit Schokolade bestreuen. Das Backblech in den Backofen schieben.

Ober-/Unterhitze: etwa 180 °C (vorgeheizt)
Heißluft: etwa 160 °C (nicht vorgeheizt)
Gas: Stufe 2–3 (nicht vorgeheizt)
Backzeit: 30–35 Minuten.

4 Das Gebäck erkalten lassen und in Dreiecke, Rauten oder Quadrate schneiden.

5 Zum Verzieren Sahne mit Zucker und Sahnesteif steif schlagen und in einen Spritzbeutel mit Sterntülle füllen. Die Gebäckstücke damit verzieren und nach Belieben mit geraspelter Schokolade garnieren.

Tipp: *Gebäck sofort nach dem Backen mit 50 g geraspelter weißer Schokolade bestreuen.*

Nuss-Schnitten

Zutaten

Für den Biskuitteig:
6 Eier (Größe M)
150 g Zucker
1 Pck. Vanillin-Zucker
1 Prise Salz
½ TL gemahlener Zimt
1 geh. EL Weizenmehl
1 gestr. TL Backpulver
250 g gemahlene Haselnusskerne

Für die Füllung:
750 ml (¾ l) Schlagsahne
1 TL Zucker
3 Pck. Sahnesteif
1 Pck. Vanillin-Zucker
100 g Zartbitterschokolade

Zum Garnieren:
Haselnusskerne oder Walnusskernhälften
Schokoladenraspel

Zubereitungszeit:
45 Minuten, ohne Kühlzeit

Insgesamt:
E: 111 g, F: 464 g, Kh: 302 g, kJ: 25192, kcal: 6019

FÜR KINDER

1 Für den Teig Eier mit Handrührgerät mit Rührbesen auf höchster Stufe in 1 Minute schaumig schlagen. Zucker, Vanillin-Zucker, Salz und Zimt mischen, in 1 Minute einstreuen, dann noch etwa 2 Minuten schlagen.

2 Mehl mit Backpulver mischen, sieben, mit Haselnusskernen mischen, die Hälfte davon auf die Eiercreme geben, kurz auf niedrigster Stufe unterrühren. Den Rest des Nuss-Mehl-Gemisches auf die gleiche Weise unterarbeiten.

3 Den Teig auf ein Backblech (30 x 40 cm, gefettet, mit Backpapier belegt) streichen. An der offenen Seite des Bleches das Papier unmittelbar vor dem Teig zur Falte knicken, so dass ein Rand entsteht. Das Backblech in den Backofen schieben.

Ober-/Unterhitze: etwa 200 °C (vorgeheizt)
Heißluft: etwa 180 °C (vorgeheizt)
Gas: Stufe 2–3 (vorgeheizt)
Backzeit: 12–15 Minuten.

4 Den Biskuit sofort nach dem Backen auf ein mit Zucker bestreutes Geschirrtuch stürzen. Das Backpapier abziehen. Die Gebäckplatte erkalten lassen und halbieren.

5 Für die Füllung Sahne mit Zucker, Sahnesteif und Vanillin-Zucker steif schlagen. Schokolade sehr fein schneiden, unter gut die Hälfte der Schlagsahne heben und die Schokoladensahne auf eine Gebäckplatte streichen, mit der zweiten Gebäckplatte bedecken, mit gut der Hälfte der restlichen Schlagsahne bestreichen.

6 Auf der Schlagsahne mit einem Messer Schnitten markieren. Restliche Schlagsahne in einen Spritzbeutel mit gezackter Tülle füllen, die Nuss-Schnitten damit verzieren, und mit Borkenschokolade, Haselnusskernen oder Walnusshälften garnieren. Einige Stunden in den Kühlschrank stellen, erst dann die markierten Nuss-Schnitten schneiden.

Pfirsich-Sekt-Schnitten

Zutaten

Für den Knetteig:
150 g Weizenmehl
40 g Zucker
1 Pck. Vanillin-Zucker
3–4 Tropfen Butter-Vanille-Aroma
1 Prise Salz
100 g Butter oder Margarine

Für den Biskuitteig:
2 Eier (Größe M)
2 EL heißes Wasser
100 g Zucker
1 Pck. Vanillin-Zucker
1 Prise Salz
100 g Weizenmehl
1 gestr. TL Backpulver

Zum Bestreichen und Beträufeln:
50 g Aprikosenkonfitüre
50 ml Sekt

Für den Belag:
8 Blatt weiße Gelatine
125 ml (⅛ l) lieblicher Sekt
450 g Vollmilch-Joghurt
60–80 g Zucker
250 ml (¼ l) Schlagsahne
150 g Pfirsichhälften (aus der Dose)

Zum Garnieren:
Pfirsichspalten, Erdbeeren, Johannisbeeren
Pfefferminzblättchen

1 Für den Knetteig Mehl in eine Rührschüssel sieben. Die übrigen Zutaten hinzufügen, mit Handrührgerät mit Knethaken zunächst kurz auf niedrigster, dann auf höchster Stufe gut durcharbeiten.

2 Anschließend auf der Arbeitsfläche zu einem glatten Teig verkneten. Sollte der Teig kleben, ihn eine Zeit lang kalt stellen.

3 Den Teig nochmals gut durchkneten und auf einem Backblech (30 x 40 cm, gefettet, mit Backpapier belegt) zu einem Rechteck (30 x 25 cm) ausrollen und mehrmals mit einer Gabel einstechen. Das Backblech in den Backofen schieben.

Ober-/Unterhitze: etwa 180 °C (vorgeheizt)
Heißluft: etwa 160 °C (vorgeheizt)
Gas: Stufe 2–3 (vorgeheizt)
Backzeit: 10–12 Minuten.

4 Die Knetteigplatte sofort nach dem Backen lösen und auf dem Backblech erkalten lassen.

5 Für den Biskuitteig Eier und Wasser mit Handrührgerät mit Rührbesen auf höchster Stufe in 1 Minute schaumig schlagen. Zucker, Vanillin-Zucker und Salz mischen, in 1 Minute einstreuen und dann noch etwa 2 Minuten schlagen. Mehl mit Backpulver mischen, auf die Eiercreme sieben und kurz auf niedrigster Stufe unterrühren.

6 Einen Backrand (30 x 25 cm) auf ein mit Backpapier belegtes Backblech stellen. Den Teig hineingeben, glatt streichen und sofort backen.

Ober-/Unterhitze: 180–200 °C (vorgeheizt)
Heißluft: 160–180 °C (vorgeheizt)
Gas: Stufe 3–4 (vorgeheizt)
Backzeit: 12–15 Minuten.

(Fortsetzung S. 71)

7 Sofort nach dem Backen den Backrand entfernen. Die Biskuitplatte auf einen mit Backpapier belegten Kuchenrost stürzen, erkalten lassen.

8 Die Knetteigplatte mit Aprikosenkonfitüre bestreichen, mit der Biskuitplatte belegen und den Backrand darum stellen. Biskuitplatte mit Sekt tränken (mit Hilfe eines Pinsels).

9 Für den Belag Gelatine nach Packungsanleitung einweichen. Sekt erhitzen, die ausgedrückte Gelatine unter Rühren darin auflösen.

10 Joghurt mit Zucker verrühren, Sekt-Gelatine-Mischung unterrühren. Sahne steif schlagen. Sobald die Joghurtmasse zu gelieren beginnt, die Sahne unterheben.

11 Die Hälfte der Masse in den Backrand geben, glatt streichen. Pfirsichhälften auf einem Sieb abtropfen lassen, in kleine Würfel schneiden und darauf verteilen. Restliche Joghurtmasse darauf geben und glatt streichen. Das Gebäck etwa 3 Stunden kalt stellen.

12 Den Backrand mit Hilfe eines Messers lösen. Gebäck in 15 Schnitten schneiden und jede Schnitte mit 2–3 Pfirsichspalten, Erdbeeren oder Johannisbeeren und Pfefferminzblättchen garnieren.

Zubereitungszeit:
60 Minuten, ohne Kühlzeit

Insgesamt:
E: 142 g, F: 196 g, Kh: 512 g, kJ: 19348, kcal: 4624

FÜR GÄSTE – DAUERT LÄNGER

Joghurt-Schnitten

Zutaten

Für den Biskuitteig:
6 Eier (Größe M)
200 g gesiebter Puderzucker
1 Pck. Vanillin-Zucker
200 g Weizenmehl
1 gestr. TL Backpulver

Für den Belag:
12 Blatt weiße Gelatine
etwa 500 g frisches Obst, z. B. Weintrauben, Erdbeeren, Himbeeren, Kirschen oder 1 Dose Fruchtcocktail (Abtropfgewicht 340 g) und frische Früchte mischen
500 g Joghurt
150–200 g gesiebter Puderzucker (je nach Süße der Früchte)
1 Pck. Vanillin-Zucker
Saft von 1 ½ Zitronen
2 EL Rum
500 ml (½ l) Schlagsahne
2 Pck. Sahnesteif

Zum Bestreichen:
4 EL Aprikosenkonfitüre

Zubereitungszeit:
45 Minuten, ohne Kühlzeit

Insgesamt:
E: 210 g, F: 212 g, Kh: 753 g, kJ: 25061, kcal: 5990

FÜR GÄSTE

1 Für den Teig Eier mit Handrührgerät mit Rührbesen auf höchster Stufe in 1 Minute schaumig schlagen. Puderzucker und Vanillin-Zucker mischen, in 1 Minute einstreuen, dann noch etwa 2 Minuten schlagen.

2 Mehl mit Backpulver mischen, die Hälfte davon auf die Eiercreme sieben, kurz auf niedrigster Stufe unterrühren. Den Rest des Mehlgemisches auf die gleiche Art unterarbeiten. Den Teig auf ein Backblech (30 x 40 cm, gefettet, mit Backpapier belegt) streichen. Das Backblech in den Backofen schieben.

Ober-/Unterhitze: etwa 200 °C (vorgeheizt)
Heißluft: etwa 180°C (vorgeheizt)
Gas: Stufe 3–4 (vorgeheizt)
Backzeit: etwa 15 Minuten.

3 Das Backblech auf einen Kuchenrost stellen und den Biskuitboden erkalten lassen.

4 Für den Belag Gelatine nach Packungsanleitung einweichen. Frische Früchte vorbereiten und evtl. klein schneiden. Fruchtcocktail in einem Sieb abtropfen lassen.

5 Joghurt, Puderzucker, Vanillin-Zucker, Zitronensaft und Rum verrühren. Gelatine ausdrücken, auflösen und unterrühren. Sahne mit Sahnesteif steif schlagen und mit den Früchten unterheben.

6 Den erkalteten Biskuit mit Aprikosenkonfitüre bestreichen (evtl. einen Backrahmen darumstellen). Die Joghurtfruchtmasse darauf verteilen, glatt streichen und einige Zeit kalt stellen.

Tipp: *Die Schnitten maximal 1 Tag vor dem Verzehr zubereiten.*

Tante Annas Schmandkuchen

Zutaten

Für den Rührteig:
200 g Butter oder Margarine
200 g Zucker
1 Pck. Vanillin-Zucker
1 Ei (Größe M)
300 g Weizenmehl
3 gestr. TL Backpulver
2–3 EL Milch

Für den Belag:
1 Pck. Pudding-Pulver Vanille-Geschmack
60 g Weizenmehl
60 g Weizengrieß
175 g Zucker
1,5 l Milch
4 Eigelb (Größe M)
1 Pck. Vanillin-Zucker
250 ml (¼ l) Schlagsahne
4 Eiweiß (Größe M)
250 g Sauerrahm (Schmand)
150–250 g Rosinen

Zubereitungszeit:
50 Minuten, ohne Kühlzeit

Insgesamt:
E: 151 g, F: 409 g, Kh: 951 g, kJ: 34961, kcal: 8347

GUT VORZUBEREITEN – FÜR KINDER

1 Für den Teig Margarine oder Butter mit Handrührgerät mit Rührbesen auf höchster Stufe geschmeidig rühren. Nach und nach Zucker und Vanillin-Zucker unterrühren und so lange rühren, bis eine gebundene Masse entstanden ist. Ei unterrühren (etwa ½ Minute).

2 Mehl mit Backpulver mischen, sieben und abwechselnd portionsweise mit der Milch auf mittlerer Stufe unterrühren. Den Teig in eine Fettfangschale (30 x 40 cm, gefettet) geben, mit einem feuchten Messer glatt streichen. Die Fettfangschale in den Backofen schieben.

Ober-/Unterhitze: etwa 180 °C (vorgeheizt)
Heißluft: etwa 160 °C (vorgeheizt)
Gas: Stufe 2–3 (vorgeheizt)
Backzeit: 15–20 Minuten.

3 Für den Belag Pudding-Pulver mit Mehl, Grieß, Zucker und 250 ml (¼ l) Milch anrühren. Die restliche Milch zum Kochen bringen. In die kochende, von der Kochstelle genommene Milch die angerührte Mischung rühren, etwa 2 Minuten unter Rühren kochen, abkühlen lassen, dabei ab und zu durchrühren. Unter etwa ein Viertel des lauwarmen Puddings, Eigelb und Vanillin-Zucker rühren. Sahne und Eiweiß getrennt steif schlagen. Sahne, Sauerrahm und Eischnee unter den mit Eigelb verrührten Pudding heben.

4 Unter den restlichen Pudding die Rosinen rühren. Den Rosinenpudding gleichmäßig auf dem vorgebackenen Teig verteilen und den mit Sahne und Eiweiß verrührten Pudding darauf streichen.

Ober-/Unterhitze: 180–200 °C (vorgeheizt)
Heißluft:160–180 °C (nicht vorgeheizt)
Gas: Stufe 3–4 (nicht vorgeheizt)
Backzeit: 40 Minuten.

5 Die Fettfangschale auf einen Kuchenrost stellen und den Kuchen erkalten lassen.

Schmandkuchen

Zutaten

Für den Hefeteig:
375 g Weizenmehl
1 Pck. frische Hefe (42 g)
50 g Zucker
200 ml lauwarme Milch
1 Prise Salz
2 EL Speiseöl
100 g Rosinen

Für den Belag:
375 ml (⅜ l) kalte Milch
1 Pck. Pudding-Pulver Vanille-Geschmack
20 g Speisestärke
75 g Zucker
3 Becher (je 250 g) Schmand
75 g Zucker

Zubereitungszeit:
80 Minuten

Insgesamt:
E: 47 g, F: 272 g, Kh: 378 g, kJ: 17802, kcal: 4250

FÜR GÄSTE

1 Für den Teig Mehl in eine Schüssel sieben. In die Mitte eine Vertiefung drücken. Hefe hineinbröckeln, Zucker und etwas Milch hinzufügen. Mit einer Gabel vorsichtig verrühren und etwa 10 Minuten gehen lassen.

2 Restliche Milch, Salz und Speiseöl hinzufügen und mit Handrührgerät mit Knethaken zunächst auf niedrigster, dann auf höchster Stufe in etwa 5 Minuten zu einem Teig verarbeiten. Den Teig zugedeckt so lange an einem warmen Ort stehen lassen, bis er sich sichtbar vergrößert hat.

3 Den gegangenen Teig leicht mit Mehl bestäuben, aus der Schüssel nehmen, auf der Arbeitsfläche nochmals kurz durchkneten und auf einem Backblech (30 x 40 cm, gefettet) ausrollen. Rosinen über den Teig streuen.

4 Für den Belag etwa 6 Esslöffel von der Milch zum Anrühren des Pudding-Pulvers, der Speisestärke und des Zuckers nehmen. Restliche Milch in einem Topf zum Kochen bringen. Das angerührte Pudding-Pulver und die Stärke unter Rühren hineingeben, aufkochen lassen.

5 500 g Schmand unterrühren und die Puddingcreme auf dem Teig verteilen. Backblech in den Backofen schieben.

Ober-/Unterhitze: etwa 200 °C (vorgeheizt)
Heißluft: etwa 180 °C (vorgeheizt)
Gas: Stufe 3–4 (vorgeheizt)
Backzeit: etwa 30 Minuten.

6 Restlichen Schmand und Zucker gut verrühren, nach der angegebenen Backzeit auf den Kuchen streichen und nochmals für etwa 5 Minuten in den Backofen schieben.

Käsekuchen, einmal anders

Zutaten

Für den Hefeteig:
375 g Weizenmehl
1 Pck. Trockenhefe
75 g Zucker
1 Prise Salz
1 Ei (Größe M)
200 ml lauwarme Schlagsahne
100 g zerlassene, abgekühlte Butter

Für die Füllung:
1 kleine Dose Pfirsichhälften (Abtropfgewicht 250 g)
300 g Doppelrahm-Frischkäse
75 g Zucker
1 Pck. Vanillin-Zucker
1 Eigelb (Größe M)
3 EL Pfirsichsaft
1 Eiweiß (Größe M)

20 g zerlassene Butter
20 g Zucker

Zubereitungszeit:
40 Minuten, ohne Teiggehzeit

Insgesamt:
E: 104 g, F: 276 g, Kh: 503 g, kJ: 21309, kcal: 5092

FÜR KINDER – RAFFINIERT

1 Für den Teig Mehl in eine Rührschüssel sieben, mit Hefe sorgfältig vermischen. Zucker, Salz, Ei, Sahne und Butter hinzufügen. Die Zutaten mit Handrührgerät mit Knethaken zunächst auf niedrigster, dann auf höchster Stufe in etwa 5 Minuten zu einem Teig verarbeiten. Den Teig zugedeckt so lange an einem warmen Ort stehen lassen, bis er sich sichtbar vergrößert hat.

2 Für die Füllung Pfirsichhälften auf einem Sieb abtropfen lassen, dabei den Saft auffangen und 3 Esslöfffel abmessen. Frischkäse mit Zucker, Vanillin-Zucker, Eigelb und Pfirsichsaft gut verrühren. Pfirsiche in kleine Würfel schneiden. Eiweiß steif schlagen. Beide Zutaten unter die Käsecreme rühren.

3 Den gegangenen Teig leicht mit Mehl bestäuben, aus der Schüssel nehmen, auf der Arbeitsfläche nochmals kurz durchkneten. Gut die Hälfte des Teiges auf einem Backblech (30 x 40 cm, gefettet, mit Backpapier belegt) ausrollen und am Rand etwas hochdrücken. Die Füllung gleichmäßig darauf streichen, dabei an der offenen Seite des Backblechs etwa 2 cm Teig frei lassen. Die überstehenden Teigränder auf die Füllung schlagen.

4 Den Rest des Teiges als Decke ausrollen, auf die Füllung legen, die Ränder gut andrücken. Den Teig nochmals so lange an einem warmen Ort gehen lassen, bis er sich sichtbar vergrößert hat. Die Teigdecke mehrmals mit einer Gabel einstechen. Das Backblech in den Backofen schieben.

Ober-/Unterhitze: 200–220 °C (vorgeheizt)
Heißluft: 180–200 °C (vorgeheizt)
Gas: etwa Stufe 4 (vorgeheizt)
Backzeit: etwa 25 Minuten.

5 Das Gebäck sofort nach dem Backen mit Butter bestreichen und mit Zucker bestreuen. Das Backblech auf einen Kuchenrost stellen und den Kuchen erkalten lassen.

Eierschecke

Zutaten

Für den Hefeteig:
300 g Weizenmehl
1 Pck. Trockenhefe
50 g Zucker
1 Pck. Vanillin-Zucker
4 Tropfen Zitronen-Aroma
1 Prise Salz
1 Ei (Größe M)
125 ml (⅛ l) lauwarme Milch
100 g zerlassene, abgekühlte Butter

Für den Quarkbelag:
1 Pck. Pudding-Pulver Vanille-Geschmack
40 g Zucker
500 ml (½ l) Milch
500 g Magerquark
65 g Rosinen

Für die Eiercreme:
125 g weiche Butter
125 g Zucker
4 Eigelb (Größe M)
4 Eiweiß (Größe M)
15 g (1 EL) Speisestärke

Zubereitungszeit:
45 Minuten, ohne Teiggeh- und Abkühlzeit

Insgesamt:
E: 170 g, F: 250 g, Kh: 591 g, kJ: 23026, kcal: 5497

KLASSISCH

1 Für den Teig Mehl in eine Rührschüssel sieben, mit der Hefe sorgfältig vermischen. Zucker, Vanillin-Zucker, Aroma, Salz, Ei, Milch und Butter hinzufügen. Die Zutaten mit Handrührgerät mit Knethaken zunächst auf niedrigster, dann auf höchster Stufe in etwa 5 Minuten zu einem Teig verarbeiten. Den Teig zugedeckt so lange an einem warmen Ort stehen lassen, bis er sich sichtbar vergrößert hat.

2 Für den Quarkbelag aus Pudding-Pulver, Zucker und Milch nach Packungsanleitung einen Pudding kochen und in eine Schüssel geben. Klarsichtfolie auf den Pudding legen, damit sich während des Abkühlens keine Haut bildet.

3 Hefeteig aus der Schüssel nehmen, auf der mit Mehl bestäubten Arbeitsfläche nochmals kurz durchkneten, in einer Fettfangpfanne (30 x 40 cm, gefettet) ausrollen.

4 Unter den abgekühlten Pudding Quark und Rosinen rühren und auf den Teig streichen.

5 Für die Eiercreme Butter mit Handrührgerät mit Rührbesen geschmeidig rühren. Nach und nach Zucker unterrühren. So lange rühren, bis eine gebundene Masse entstanden ist. Eigelb nach und nach unterrühren. Eiweiß steif schlagen, auf die Eigelbmasse geben. Speisestärke darüber sieben, mit dem Eischnee vorsichtig unter die Eigelbmasse heben, auf dem Quarkbelag verteilen und glatt streichen. Sofort backen.

Ober-/Unterhitze: etwa 180 °C (vorgeheizt)
Heißluft: etwa 160 °C (vorgeheizt)
Gas: Stufe 2–3 (vorgeheizt)
Backzeit: etwa 30 Minuten.

6 Das Backblech auf einen Kuchenrost stellen und den Kuchen erkalten lassen.

Tipp: *Statt der Rosinen kann auch eine kleine Dose Mandarinen (Abtropfgewicht 175 g) unter den Quarkbelag gehoben werden.*

Johannisbeer-Käse-Kuchen

Zutaten

Für den Streuselteig:
250 g Weizenmehl
1 gestr. TL Backpulver
75 g Zucker
1 Pck. Vanillin-Zucker
150 g Butter oder Margarine

Für die Käsemasse:
4 Eiweiß (Größe M)
150 g Zucker
4 Eigelb (Größe M)
1 Pck. Vanillin-Zucker
750 g Magerquark
1 Pck. Finesse Geriebene Zitronenschale
250 ml (¼ l) Milch
1 Pck. Käsekuchen-Hilfe

Für den Belag:
500 g Johannisbeeren
50 g abgezogene, gehobelte Mandeln

Zubereitungszeit:
35 Minuten, ohne Kühlzeit

Insgesamt:
E: 187 g, F: 195 g, Kh: 497 g, kJ: 19775, kcal: 4720

FÜR KINDER

1 Für den Teig Mehl mit Backpulver mischen und in eine Rührschüssel sieben. Restliche Zutaten dazugeben und mit Handrührgerät mit Knethaken zunächst auf niedrigster, dann auf höchster Stufe zu Streuseln verarbeiten.

2 Die Streusel in einer Fettfangschale (30 x 40 cm, gefettet) verteilen und andrücken. Goldgelb vorbacken.

Ober-/Unterhitze: etwa 180 °C (vorgeheizt)
Heißluft: etwa 160 °C (vorgeheizt)
Gas: Stufe 2–3 (vorgeheizt)
Backzeit: etwa 15 Minuten.

3 Die Fettfangschale auf einen Kuchenrost stellen und den Boden abkühlen lassen.

4 Für die Käsemasse Eiweiß mit ⅓ des Zuckers steif schlagen. Eigelb mit dem restlichen Zucker, Vanillin-Zucker, Quark, Zitronenschale und Milch in einer Rührschüssel mit Handrührgerät mit Rührbesen auf höchster Stufe in etwa 1 Minute glatt rühren. Käsekuchen-Hilfe unterrühren, dann Eischnee unterheben. Die Hälfte der Käsemasse auf den vorgebackenen Boden streichen.

5 Für den Belag Johannisbeeren waschen, abtropfen lassen, entstielen, auf der Käsemasse verteilen, mit restlicher Käsemasse bestreichen. Mit Mandeln bestreuen. Die Fettfangschale wieder in den Backofen schieben.

Ober-/Unterhitze: etwa 180 °C (vorgeheizt)
Heißluft: etwa 160 °C (nicht vorgeheizt)
Gas: Stufe 2–3 (nicht vorgeheizt)
Backzeit: 40–50 Minuten.

6 Die Fettfangschale auf einen Kuchenrost stellen und den Kuchen erkalten lassen.

Tipp: *Anstelle der frischen können auch TK-Johannisbeeren verwendet werden.*

Kirschschnitten

Zutaten

2 Pakete (600 g=10 Platten) TK-Blätterteig

Für die Füllung:
1,5 kg Sauerkirschen
125 ml (⅛ l) Wasser
200 g Zucker, 2 Stangen Zimt
Schale von 1 Zitrone (unbehandelt)
75 g Speisestärke
2 EL Kirschwasser

500 ml (½ l) Schlagsahne
2 Pck. Sahnesteif
60 g gesiebter Puderzucker
1 Pck. Vanillin-Zucker
4 EL Kirschwasser

Für den Guss:
75 g gesiebter Puderzucker
2 TL Kirschsaft, 1 TL Kirschwasser

Zubereitungszeit:
40 Minuten, ohne Kühlzeit

Insgesamt:
E: 59 g, F: 331 g, Kh: 1039 g, kJ: 33640, kcal: 8030

FÜR GÄSTE

1 Blätterteigplatten nach Packungsanleitung auftauen lassen. Jeweils 5 Blätterteig-Platten auf ein mit Wasser abgespültes Backblech legen, 30 Minuten ruhen lassen. Das Backblech in den Backofen schieben.

Ober-/Unterhitze: etwa 220 °C (vorgeheizt)
Heißluft: etwa 200 °C (vorgeheizt)
Gas: Stufe 4–5 (vorgeheizt)
Backzeit: etwa 12 Minuten.

2 Die erkalteten Blätterteig-Platten mit einem Sägemesser vorsichtig waagerecht aufschneiden.

3 Für die Füllung Sauerkirschen waschen, entstielen, entsteinen und mit Wasser, Zucker, Zimt und Zitronenschale zum Kochen bringen und etwa 8 Minuten dünsten lassen. Gewürze entfernen. Speisestärke mit Kirschwasser anrühren, in den Kirschsaft rühren, einmal aufkochen und erkalten lassen. Die Kirschen auf die unteren Hälften der Blätterteigschnitten verteilen.

4 Sahne ½ Minute schlagen, Sahnesteif einstreuen und steif schlagen. Gesiebten Puderzucker, Vanillin-Zucker und Kirschwasser unterschlagen, die Sahne in einen Spritzbeutel mit Sterntülle füllen und auf die Kirschen spritzen.

5 Für den Guss gesiebten Puderzucker, Kirschsaft und Kirschwasser verrühren, die übrigen Blätterteigteile damit bestreichen und als Deckel auf die mit Füllung versehenen Blätterteigschnitten setzen. Die Schnitten bis zum Verzehr in den Kühlschrank stellen.

Mandel-Kirsch-Kuchen

Zutaten

Für den Teig:
9 Eigelb (Größe M)
250 g Zucker
1 Pck. Vanillin-Zucker
1 Pck. Finesse Amaretto-Bittermandel-Aroma
1 Msp. gemahlener Zimt
1 EL Kirschwasser
250 g nicht abgezogene, gemahlene Mandeln
60 g Semmelbrösel
9 Eiweiß (Größe M)
1 Glas Sauerkirschen (Abtropfgewicht 740 g)

Zum Bestäuben:
Puderzucker

Zubereitungszeit:
65 Minuten

Insgesamt:
E: 131 g, F: 197 g, Kh: 485 g, kJ: 19034, kcal: 4543

FÜR GÄSTE

1 Für den Teig Eigelb, Zucker, Vanillin-Zucker, Aroma, Zimt und Kirschwasser mit Handrührgerät mit Rührbesen auf höchster Stufe schaumig schlagen.

2 Mandeln und Semmelbrösel unterheben. Zuletzt das zu steifem Schnee geschlagene Eiweiß unterziehen.

3 Teig in eine Fettfangschale (30 x 40 cm, gefettet, mit Semmelbröseln ausgestreut) geben und glatt streichen. Die gut abgetropften Sauerkirschen darauf verteilen.

Ober-/Unterhitze: 160–180 °C (vorgeheizt)
Heißluft: 140–160 °C (nicht vorgeheizt)
Gas: etwa Stufe 2 (nicht vorgeheizt)
Backzeit: etwa 45 Minuten.

4 Fettfangschale auf einen Kuchenrost stellen, Gebäck erkalten lassen. Mandel-Kirsch-Kuchen vor dem Servieren mit Puderzucker bestäuben.

Beigabe: *Schlagsahne.*

Sauerkirschkuchen

Zutaten

Für den Belag:
1 kg Sauerkirschen
150 g ganze Mandeln

Für den Rührteig:
250 g Butter oder Margarine
250 g gesiebter Puderzucker
1 Prise Salz
1 Pck. Finesse Geriebene Zitronenschale
6 Eier (Größe M)
300 g Weizenmehl
100 g Speisestärke
1 TL Backpulver
4 EL saure Sahne

Für den Guss:
150 g gesiebter Puderzucker
3–4 EL Kirschwasser, Wasser oder Zitronensaft

Zubereitungszeit:
45 Minuten, ohne Kühlzeit

Insgesamt:
E: 129 g, F: 344 g, Kh: 797 g, kJ: 30455, kcal: 7270

FÜR GÄSTE

1 Für den Belag Sauerkirschen waschen, abtropfen lassen, entstielen und entsteinen.

2 Mandeln kurze Zeit in kochendes Wasser geben, in kaltem Wasser abschrecken, enthäuten und halbieren.

3 Für den Teig Butter oder Margarine mit Handrührgerät mit Rührbesen auf höchster Stufe geschmeidig rühren, nach und nach Puderzucker, Salz und Zitronenschale unterrühren, so lange rühren, bis eine gebundene Masse entstanden ist. Eier nach und nach unterrühren (jedes Ei etwa ½ Minute).

4 Mehl mit Speisestärke und Backpulver mischen, sieben, portionsweise auf mittlerer Stufe unterrühren. Zuletzt die saure Sahne unterheben.

5 Den Teig auf ein Backblech (30 x 40 cm, gefettet, mit Backpapier belegt) geben, glatt streichen, die abgetropften Sauerkirschen darauf verteilen, mit Mandeln bestreuen und das Backblech in den Backofen schieben.

Ober-/Unterhitze: etwa 180 °C (vorgeheizt)
Heißluft: etwa 160 °C (vorgeheizt)
Gas: Stufe 2–3 (vorgeheizt)
Backzeit: etwa 30 Minuten.

6 Den gebackenen Kuchen etwa 15 Minuten auf dem Blech abkühlen lassen.

7 Für den Guss Puderzucker mit Kirschwasser, Wasser oder Zitronensaft zu einer dickflüssigen Masse verrühren und den Kuchen damit besprenkeln. Den Kuchen in Stücke schneiden und servieren.

Tipp: *Schneller geht's, wenn Sie statt der frischen Kirschen 2 Gläser abgetropfte Sauerkirschen (Abtropfgewicht je 370 g) verwenden. Den Kuchen maximal 1 Tag vor dem Verzehr zubereiten.*

Kirsch-Marzipan-Schnitten

Zutaten

Für den Rührteig:
150 g Butter oder Margarine
150 g Zucker
1 Pck. Vanillin-Zucker
5 Tropfen Bittermandel-Aroma
100 g Marzipan-Rohmasse
1 Prise Salz
4 Eier (Größe M)
250 g Weizenmehl
3 gestr. TL Backpulver

Für den Belag:
1 Glas Sauerkirschen (Abtropfgewicht 370 g)
100 g Marzipan-Rohmasse
25 g weiche Butter
2 EL Kirschwasser
200 g nicht abgezogene, gemahlene Mandeln
2 Eiweiß (Größe M)

Zum Bestäuben:
30 g Puderzucker

Zubereitungszeit:
35 Minuten, ohne Kühlzeit

Insgesamt:
E: 139 g, F: 355 g, Kh: 529 g, kJ: 26140, kcal: 6242

FÜR GÄSTE – ETWAS TEURER

1 Für den Teig Butter oder Margarine mit Handrührgerät mit Rührbesen auf höchster Stufe geschmeidig rühren, nach und nach Zucker, Vanillin-Zucker, Aroma, Marzipan-Rohmasse und Salz unterrühren. So lange rühren, bis eine gebundene Masse entstanden ist.

2 Eier nach und nach unterrühren (jedes Ei etwa ½ Minute). Mehl mit Backpulver mischen, sieben und portionsweise auf mittlerer Stufe unterrühren.

3 Den Teig auf ein Backblech (30 x 40 cm, gefettet, mit Backpapier belegt) geben, glatt streichen, vor den Teig einen mehrfach umgeknickten Streifen Alufolie legen.

4 Für den Belag die Sauerkirschen in einem Sieb gut abtropfen lassen und auf dem Teig verteilen.

5 Marzipan-Rohmasse mit Butter und Kirschwasser geschmeidig rühren. Mandeln dazugeben. Eiweiß steif schlagen und unterheben.

6 Die Eiweißmasse in Häufchen auf dem Teig verteilen. Das Backblech in den Backofen schieben.

Ober-/Unterhitze: etwa 180 °C (vorgeheizt)
Heißluft: etwa 160 °C (vorgeheizt)
Gas: Stufe 2–3 (vorgeheizt)
Backzeit: etwa 30 Minuten.

7 Das Backblech auf einen Kuchenrost stellen und den Kuchen erkalten lassen.

8 Die erkalteten Schnitten vor dem Servieren mit Puderzucker bestäuben.

Rhabarberkuchen mit Quarkguss

Zutaten

Für den Knetteig:
400 g Weizenmehl
3 gestr. TL Backpulver
125 g Zucker
1 Pck. Vanillin-Zucker
½ Fläschchen Butter-Vanille-Aroma
1 Prise Salz
2 Eier (Größe M)
250 g Butter oder Margarine

Für den Belag:
1–1,2 kg Rhabarber
100–200 g Zucker

Für den Guss:
4 Eier (Größe M)
200 g Zucker
1 Pck. Vanillin-Zucker
½ Fläschchen Butter-Vanille-Aroma
500 g Magerquark
20 g Speisestärke

Zum Bestäuben:
Puderzucker

Zubereitungszeit:
30 Minuten, ohne Kühlzeit

Insgesamt:
E: 169 g, F: 253 g, Kh: 898 g, kJ: 28406, kcal: 6787

FÜR GÄSTE

1 Für den Teig Mehl mit Backpulver mischen, in eine Rührschüssel sieben. Zucker, Vanillin-Zucker, Aroma, Salz, Eier und Butter oder Margarine hinzufügen. Die Zutaten mit Handrührgerät mit Knethaken zunächst kurz auf niedrigster, dann auf höchster Stufe gut durcharbeiten. Anschließend auf der Arbeitsfläche zu einem glatten Teig verkneten. Den Teig etwa 1 Stunde kalt stellen.

2 Den Teig auf einem Backblech oder in einer Fettfangschale (30 x 40 cm, gefettet, mit Backpapier belegt) ausrollen, mehrmals mit einer Gabel einstechen. Vor den Teig einen mehrfach geknickten Streifen Alufolie legen. Das Backblech (Fettfangschale) in den Backofen schieben.

Ober-/Unterhitze: etwa 180 °C (vorgeheizt)
Heißluft: etwa 160 °C (vorgeheizt)
Gas: Stufe 2–3 (vorgeheizt)
Backzeit: etwa 25 Minuten.

3 Für den Belag den Rhabarber putzen, waschen, trockentupfen (nicht abziehen), in etwa 4 cm lange Stücke schneiden, auf der erkalteten Gebäckplatte verteilen und mit Zucker bestreuen.

4 Für den Guss Eier, Zucker, Vanillin-Zucker und Aroma mit Handrührgerät mit Rührbesen schaumig rühren. Quark und Speisestärke unterrühren. Die Masse auf dem Rhabarber verteilen. Das Backblech (Fettfangschale) wieder in den Backofen schieben und **bei den oben genannten Temperaturangaben nochmals 25–30 Minuten** backen.

5 Das Backblech (Fettfangschale) auf einen Kuchenrost stellen und den Kuchen erkalten lassen. Mit Puderzucker bestäuben.

Tipp: *Den Kuchen maximal 1 Tag vor dem Verzehr zubereiten. Es können auch Sauerkirschen oder Aprikosen verwendet werden. Der Kuchen eignet sich hervorragend zum Einfrieren.*

Rhabarber-Erdbeer-Schnitten

Zutaten

Für den Knetteig:
100 g Weizenmehl
50 g kernige Haferflocken
50 g Zucker
1 Pck. Vanillin-Zucker
100 g Butter oder Margarine
1 TL abgeriebene Zitronenschale (unbehandelt)
1 Ei (Größe M)
50 g grob gehackte Haselnusskerne

Für den Belag:
500 g Rhabarber (vorbereitet gewogen)
125 ml (⅛ l) Roséwein
125 ml (⅛ l) Wasser
100 g Zucker

100 g Vollmilchkuvertüre
500 g Erdbeeren
1 Pck. Tortenguss, klar
2 EL Zucker

Zubereitungszeit:
45 Minuten, ohne Kühlzeit

Insgesamt:
E: 38 g, F: 155 g, Kh: 396 g, kJ: 13795, kcal: 3297

FÜR GÄSTE

1 Für den Teig Mehl in eine Rührschüssel sieben. Haferflocken, Zucker, Vanillin-Zucker, Butter oder Margarine, Zitronenschale, Ei und Haselnusskerne hinzufügen. Die Zutaten mit Handrührgerät mit Knethaken zu einem glatten Teig verkneten und kalt stellen.

2 Für den Belag Rhabarber putzen (nicht abziehen), waschen und in 5 cm lange Stücke schneiden. Wein und Wasser in einem Topf zum Kochen bringen, Rhabarberstücke und Zucker hineingeben und weich dünsten (nicht kochen, sonst zerfallen sie). Zum Abtropfen in ein Sieb geben, die Kochflüssigkeit dabei auffangen und 250 ml (¼ l) davon abmessen.

3 Den Teig nochmals durchkneten, auf der bemehlten Arbeitsfläche zu einem etwa 40 x 14 cm langen Streifen ausrollen, auf ein Backblech (30 x 40 cm, gefettet, mit Backpapier belegt) legen und an den Längsseiten einen kleinen Rand hochdrücken. Das Backblech in den Backofen schieben.

Ober-/Unterhitze: etwa 200 °C (vorgeheizt)
Heißluft: etwa 180 °C (vorgeheizt)
Gas: Stufe 3–4 (vorgeheizt)
Backzeit: etwa 20 Minuten.

4 Das Backblech auf einen Kuchenrost stellen und den Kuchen erkalten lassen.

5 Kuvertüre in einem kleinen Topf im Wasserbad bei schwacher Hitze zu einer geschmeidigen Masse verrühren. Den erkalteten Gebäckstreifen damit bestreichen. Erdbeeren waschen, abtropfen lassen, entstielen, mit dem Rhabarber mischen und auf das Gebäck geben.

6 Aus Tortenguss, Zucker und der abgemessenen Kochflüssigkeit einen Guss zubereiten, über die Früchte geben und fest werden lassen. Das Gebäck in 10 Stücke schneiden.

Johannisbeer-Stachelbeer-Kuchen

Zutaten

Für den Teig:
375 ml (3/8 l) Schlagsahne
250 g Zucker
1 Pck. Vanillin-Zucker
1 Prise Salz
4 Eier (Größe M)
375 g Weizenmehl
4 gestr. TL Backpulver

Für den Belag:
1 kg reife Stachelbeeren
250 g rote Johannisbeeren
100 g Butter
100 g Zucker
125 ml (1/8 l) Schlagsahne
100 g abgezogene, gehobelte Mandeln

Zubereitungszeit:
40 Minuten

Insgesamt:
E: 114 g, F: 324 g, Kh: 777 g, kJ: 28309, kcal: 6759

RAFFINIERT

1 Für den Teig Sahne fast steif schlagen. Nach und nach Zucker, Vanillin-Zucker, Salz und Eier mit Handrührgerät mit Rührbesen auf niedrigster Stufe unterrühren.

2 Mehl mit Backpulver mischen, sieben und portionsweise auf mittlerer Stufe unterrühren. Den Teig in eine Fettfangschale (30 x 40 cm, gefettet) geben und glatt streichen.

3 Für den Belag Stachelbeeren von Stiel und Blüte befreien, waschen, gut abtropfen lassen, große Beeren halbieren und auf dem Teig verteilen. Die Fettfangschale in den Backofen schieben.

Ober-/Unterhitze: 180–200 °C (vorgeheizt, untere Schiene)
Heißluft: 160–180 °C (vorgeheizt)
Gas: etwa Stufe 3 (vorgeheizt)
Backzeit: etwa 25 Minuten.

4 In der Zwischenzeit Johannisbeeren waschen, gut abtropfen lassen und entstielen.

5 Butter mit Zucker und Sahne langsam erhitzen und einmal aufkochen lassen. Mandeln unterrühren.

6 Mandelmasse und Johannisbeeren auf dem vorgebackenen Kuchen verteilen. Den Kuchen **bei gleicher Temperatur auf mittlerer Schiene weitere 20 Minuten** backen.

7 Die Fettfangschale auf einen Kuchenrost stellen und den Kuchen erkalten lassen.

Johannisbeerschnitten

Zutaten

Für den Biskuitteig:
3 Eier (Größe M)
5–6 EL heißes Wasser
150 g Zucker
1 Pck. Vanillin-Zucker
100 g Weizenmehl
50 g Speisestärke
1 gestr. TL Backpulver

Für die Füllung:
7 Blatt weiße Gelatine
500 g Johannisbeerrispen
750 ml (¾ l) Schlagsahne
125 g gesiebter Puderzucker
1 Pck. Vanillin-Zucker

Zum Garnieren:
geraspelte Halbbitter-schokolade
evt. gezuckerte Johannisbeerrispen

Zubereitungszeit:
30 Minuten, ohne Kühlzeit

Insgesamt:
E: 122 g, F: 271 g, Kh: 488 g, kJ: 21019, kcal: 5021

FÜR GÄSTE

1 Für den Teig Eier und Wasser mit Handrührgerät mit Rührbesen auf höchster Stufe in 1 Minute schaumig schlagen. Zucker mit Vanillin-Zucker mischen, in 1 Minute einstreuen, dann noch etwa 2 Minuten schlagen. Mehl mit Speisestärke und Backpulver mischen, sieben, die Hälfte kurz auf niedrigster Stufe unterrühren. Den Rest auf dieselbe Weise unterarbeiten.

2 Den Teig auf ein Backblech (30 x 40 cm, gefettet, mit Backpapier belegt) streichen und das Backblech in den Backofen schieben.

Ober-/Unterhitze: 200–220 °C (vorgeheizt)
Heißluft: 180–200 °C (vorgeheizt)
Gas: etwa Stufe 4 (vorgeheizt)
Backzeit: 10–15 Minuten.

3 Den Biskuit sofort nach dem Backen auf ein mit Zucker bestreutes Backpapier stürzen. Backpapier abziehen.

4 Für die Füllung Gelatine nach Packungsanleitung einweichen. Johannisbeerrispen waschen, entstielen, pürieren und durch ein Sieb streichen.

5 Sahne mit Puderzucker und Vanillin-Zucker mischen und steif schlagen. Zwei Drittel der Schlagsahne unter den Johannisbeerbrei heben und die ausgedrückte, aufgelöste Gelatine unterrühren.

6 Den Biskuit in zwei Hälften schneiden, die eine Hälfte des Gebäcks mit der Johannisbeersahne bestreichen, die andere Hälfte darauf legen und mit der restlichen Sahne gleichmäßig bestreichen. Den Kuchen mit etwas geraspelter Schokolade bestreuen und evtl. mit gezuckerten Johannisbeertrauben garnieren.

Veränderung: *100 g bittere Schokolade auflösen, die untere Biskuithälfte zuerst mit der Schokolade, dann mit gut der Hälfte der Johannisbeersahne bestreichen.*

Sächsischer Heidelbeerkuchen

Zutaten

Für den Hefeteig:
375 g Weizenmehl
1 Pck. Trockenhefe
50 g Zucker
1 Pck. Vanillin-Zucker
1 Ei (Größe M)
2 Eigelb (Größe M)
200 ml lauwarme Milch
50 g zerlassene, abgekühlte Butter oder Margarine

Für den Belag:
1 kg Heidelbeeren
50 g Butter
5 EL Semmelbrösel
100 g Zucker
1 TL gemahlener Zimt
50 g Butterflöckchen

etwas Puderzucker

Zubereitungszeit:
40 Minuten, ohne Teiggehzeit

Insgesamt:
E: 76 g, F: 157 g, Kh: 676 g, kJ: 19393, kcal: 4630

KLASSISCH – RAFFINIERT

1 Für den Hefeteig Mehl in eine Rührschüssel sieben, mit Hefe sorgfältig vermischen. Zucker, Vanillin-Zucker, Ei, Eigelb, Milch und Butter oder Margarine hinzufügen.

2 Die Zutaten mit Handrührgerät mit Knethaken zunächst auf niedrigster, dann auf höchster Stufe in etwa 5 Minuten zu einem glatten Teig verarbeiten. Den Teig zugedeckt an einem warmen Ort so lange stehen lassen, bis er sich sichtbar vergrößert hat.

3 Den Teig aus der Schüssel nehmen, auf der Arbeitsfläche nochmals kurz durchkneten, auf einem Backblech (30 x 40 cm, gefettet, mit Backpapier belegt) ausrollen. Vor den Teig einen mehrfach umgeknickten Streifen Alufolie legen und den Teig nochmals 15 Minuten gehen lassen.

4 Für den Belag Heidelbeeren putzen, waschen, gut abtropfen lassen. Butter zerlassen, den Teig damit bestreichen und mit 3 Esslöffeln Semmelbröseln bestreuen. Die Heidelbeeren gleichmäßig darauf verteilen. Zucker mit Zimt vermischen, über die Heidelbeeren streuen, Butterflöckchen darauf verteilen und die restlichen Semmelbrösel darüber streuen. Das Backblech in den Backofen schieben.

Ober-/Unterhitze: etwa 200 °C (vorgeheizt)
Heißluft: etwa 180 °C (vorgeheizt)
Gas: Stufe 3–4 (vorgeheizt)
Backzeit: etwa 25 Minuten.

5 Das Backblech auf einen Kuchenrost stellen und den Kuchen erkalten lassen.

6 Den Heidelbeerkuchen kurz vor dem Servieren mit Puderzucker bestäuben.

Aprikosen-Crème-fraîche-Schnitten

Zutaten

Für den Knetteig:
300 g Weizenmehl
75 g Speisestärke
1 gestr. TL Backpulver
175 g Zucker
1 Pck. Vanillin-Zucker
1 Prise Salz
1 Ei (Größe M)
200 g Butter oder Margarine

Für den Belag:
2 Becher (je 150 g) Crème fraîche
75 g Zucker
1 Pck. Vanillin-Zucker
1 Pck. Dessert-Sauce Vanille-Geschmack (zum Kochen)
125 g abgezogene, gemahlene Mandeln
1 Ei (Größe M)
etwa 1 kg reife Aprikosen
70 g abgezogene, halbierte Mandeln

Puderzucker

Zubereitungszeit:
35 Minuten, ohne Kühlzeit

Insgesamt:
E: 110 g, F: 379 g, Kh: 713 g, kJ: 29344, kcal: 7009

FÜR GÄSTE – BELIEBT

1 Für den Teig das Mehl mit Speisestärke und Backpulver mischen, in eine Rührschüssel sieben. Zucker, Vanillin-Zucker, Salz, Ei und Butter oder Margarine hinzufügen. Die Zutaten mit Handrührgerät mit Knethaken zunächst kurz auf niedrigster, dann auf höchster Stufe gut durcharbeiten. Anschließend auf der Arbeitsfläche zu einem glatten Teig verkneten. Sollte er kleben, ihn eine Zeit lang kalt stellen.

2 Den Teig auf einem Backblech (30 x 40 cm, gefettet, mit Backpapier belegt) ausrollen. Vor den Teig einen mehrfach geknickten Streifen Alufolie legen.

3 Für den Belag Crème fraîche mit Zucker, Vanillin-Zucker, Saucenpulver, Mandeln und Ei gut verrühren und gleichmäßig auf dem Teig verstreichen. Die Aprikosen waschen, abtrocknen, halbieren, entsteinen und mit der Wölbung nach unten gleichmäßig auf die Crème-fraîche-Masse legen. In jede Aprikosenhälfte eine halbierte Mandel geben. Das Backblech in den Backofen schieben.

Ober-/Unterhitze: etwa 180 °C (vorgeheizt)
Heißluft: etwa 160 °C (nicht vorgeheizt)
Gas: Stufe 2–3 (nicht vorgeheizt)
Backzeit: etwa 40 Minuten.

4 Das Gebäck sofort nach dem Backen mit etwas Puderzucker bestäuben, auf einem Kuchenrost erkalten lassen und vor dem Servieren nochmals mit Puderzucker bestäuben.

Tipp: *Es können auch Aprikosen aus der Dose (3 Dosen je 240 g Einwaage) verwendet werden. Maximal 1 Tag vor dem Verzehr zubereiten.*

Apfelkuchen mit Pudding

Zutaten

Für den Quark-Öl-Teig:
300 g Weizenmehl
1 Pck. Backpulver
150 g Magerquark
6 EL Milch
6 EL Speiseöl
75 g Zucker
1 Pck. Vanillin-Zucker
1 Prise Salz

Für den Belag:
1 Pck. Pudding-Pulver Vanille-Geschmack
75 g Zucker
2 Eigelb (Größe M)
375 ml (3/8 l) Milch
125 ml (1/8 l) Schlagsahne
2 Eiweiß (Größe M)
1 1/4 kg Äpfel

Zum Aprikotieren:
2 EL Aprikosenkonfitüre
1 EL Wasser
1–2 EL Aprikot Brandy

Zubereitungszeit:
35 Minuten

Insgesamt:
E: 94 g, F: 152 g, Kh: 606 g, kJ: 18434, kcal: 4395

FÜR GÄSTE

1 Für den Teig Mehl mit Backpulver mischen, in eine Rührschüssel sieben. Quark, Milch, Öl, Zucker, Vanillin-Zucker und Salz hinzufügen. Die Zutaten mit Handrührgerät mit Knethaken auf höchster Stufe in etwa 1 Minute verarbeiten (nicht zu lange, Teig klebt sonst). Anschließend auf der Arbeitsfläche zu einer Rolle formen. Den Teig in einer Fettfangschale (30 x 40 cm, gefettet) ausrollen.

2 Für den Belag Pudding-Pulver, Zucker und Eigelb mit 6 Esslöffeln von der Milch anrühren. Die übrige Milch und Sahne zum Kochen bringen, von der Kochstelle nehmen, das angerührte Pudding-Pulver unter Rühren hineingeben, kurz aufkochen lassen.

3 Eiweiß steif schlagen – es muss so fest sein, dass ein Messerschnitt sichtbar bleibt – und unter den Pudding heben. Die Masse gleichmäßig auf dem Teig verteilen.

4 Äpfel schälen, vierteln, entkernen, in Spalten schneiden und schuppenförmig auf den Pudding legen. Vor den Teig einen mehrfach umgeknickten Streifen Alufolie legen. Das Backblech in den Backofen schieben.

Ober-/Unterhitze: 180 °C (vorgeheizt)
Heißluft: 160 °C (nicht vorgeheizt)
Gas: Stufe 2–3 (nicht vorgeheizt)
Backzeit: etwa 35 Minuten.

5 Zum Aprikotieren Aprikosenkonfitüre durch ein Sieb streichen, mit Wasser und Aprikot Brandy verrühren und kurz aufkochen lassen. Sofort nach dem Backen den Kuchen damit bestreichen.

6 Das Backblech auf einen Kuchenrost stellen und den Kuchen erkalten lassen.

Tipp: *Den Kuchen maximal 1 Tag vor dem Verzehr zubereiten. Anstelle der Äpfel können als Belag auch Aprikosen (2 Dosen je 480 g Abtropfgewicht) verwendet werden.*

Apfelschnitten

Zutaten

Für den Rührteig:
350 g Butter oder Margarine
350 g gesiebter Puderzucker
6 Eier (Größe M)
2 Pck. Vanillin-Zucker
2 ½ TL gemahlener Zimt
60 g Kakaopulver
750 g Äpfel
350 g Weizenmehl
1 Pck. Backpulver

Für den Guss:
200 g dunkle Kuchenglasur

Zum Bestreuen:
abgezogene, gestiftelte Mandeln

Zubereitungszeit:
35 Minuten, ohne Kühlzeit

Insgesamt:
E: 119 g, F: 381 g, Kh: 855 g, kJ: 31700, kcal: 7569

SCHNELL – BELIEBT – FÜR KINDER

1 Für den Teig Butter oder Margarine mit Handrührgerät mit Rührbesen auf höchster Stufe geschmeidig rühren. Nach und nach Puderzucker unterrühren. So lange rühren, bis eine gebundene Masse entstanden ist.

2 Eier nach und nach unterrühren (jedes Ei etwa ½ Minute). Vanillin-Zucker, Zimt und Kakao unterrühren.

3 Äpfel schälen, halbieren, vierteln, entkernen und grob raspeln. Äpfel und das mit Backpulver gemischte und gesiebte Mehl unterrühren.

4 Den Teig auf ein Backblech (30 x 40 cm, gefettet, mit Backpapier belegt) streichen. Das Backblech in den Backofen schieben.

Ober-/Unterhitze: etwa 200 °C (vorgeheizt)
Heißluft: etwa 180°C (nicht vorgeheizt)
Gas: Stufe 3–4 (nicht vorgeheizt)
Backzeit: 40–50 Minuten.

5 Den Kuchen auf dem Backblech auf einem Kuchenrost erkalten lassen.

6 Kuchenglasur nach Packungsanleitung auflösen, den Kuchen damit überziehen und mit Mandeln bestreuen.

Tipp: *Apfelschnitten maximal 1 Tag vor dem Verzehr zubereiten. Die Schnitten eignen sich hervorragend zum Einfrieren.*

Großmutters Apfelkuchen

Zutaten

Für den Rührteig:
250 g Butter
200 g Zucker
1 Pck. Vanillin-Zucker
½ Fläschchen Butter-Vanille-Aroma
½ TL gemahlener Zimt
1 Prise Salz
5 Eier (Größe M)
350 g Weizenmehl
2 gestr. TL Backpulver
1 ¼ kg Äpfel (z. B. Boskop)

Für den Guss:
200 g gesiebter Puderzucker
3 EL Zitronensaft
etwas Wasser

Zubereitungszeit:
30 Minuten

Insgesamt:
E: 89 g, F: 252 g, Kh: 766 g, kJ: 24610, kcal: 5872

FÜR KINDER

1 Für den Teig Butter mit Handrührgerät mit Rührbesen geschmeidig rühren. Nach und nach Zucker, Vanillin-Zucker, Aroma, Zimt und Salz unterrühren. So lange rühren, bis eine gebundene Masse entstanden ist. Eier nach und nach unterrühren (jedes Ei etwa ½ Minute).

2 Mehl und Backpulver mischen, sieben, portionsweise auf mittlerer Stufe unterrühren. Äpfel schälen, vierteln, entkernen, achteln, quer in dünne Scheiben schneiden, unter den Teig heben.

3 Den Teig auf ein Backblech (30 x 40 cm, gefettet, mit Backpapier belegt) geben, glatt streichen. Das Backblech in den Backofen schieben.

Ober-/Unterhitze: etwa 180 °C (vorgeheizt)
Heißluft: etwa 160 °C (vorgeheizt)
Gas: Stufe 2–3 (vorgeheizt)
Backzeit: 30–35 Minuten.

4 Das Backblech auf einen Kuchenrost stellen und den Kuchen erkalten lassen.

5 Für den Guss Puderzucker mit Zitronensaft und Wasser glatt rühren, so dass eine dickflüssige Masse entsteht. Sofort nach dem Backen den Guss mit Hilfe eines Teelöffels auf dem Gebäck verteilen (besprenkeln).

Tipp: *Den Kuchen maximal 1 Tag vor dem Verzehr zubereiten. Puderzuckerguss dann frisch auftragen, er zieht sonst Feuchtigkeit. Anstelle der Äpfel schmeckt der Kuchen auch sehr gut mit Aprikosen (2 Dosen zu je 480 g Abtropfgewicht).*

Quark-Apfel-Kuchen mit Streuseln

Zutaten

Für den Quark-Öl-Teig:
300 g Weizenmehl
1 Pck. Backpulver
150 g Magerquark
6 EL Milch, 6 EL Speiseöl
75 g Zucker
1 Pck. Vanillin-Zucker
1 Prise Salz

Für den Belag:
1 ½ kg Äpfel
150 g Butter , 100 g Zucker
½ Fläschchen Zitronen-Aroma
4 Eigelb (Größe M)
850 g Magerquark
50 g Weizengrieß
4 Eiweiß (Größe M)

Für die Streusel:
200 g Weizenmehl
70 g abgezogene, gemahlene Mandeln
150 g Zucker
½ TL gemahlener Zimt
150 g Butter oder Margarine

Zubereitungszeit:
50 Minuten

Insgesamt:
E: 236 g, F: 414 g, Kh: 919 g, kJ: 36570, kcal: 8727

KLASSISCH

1 Für den Teig Mehl mit Backpulver mischen, in eine Rührschüssel sieben. Quark, Milch, Öl, Zucker, Vanillin-Zucker und Salz hinzufügen.

2 Die Zutaten mit Handrührgerät mit Knethaken auf höchster Stufe in etwa 1 Minute verarbeiten (nicht zu lange, Teig klebt sonst), anschließend auf der bemehlten Arbeitsfläche zu einer Rolle formen. Den Teig auf einem Backblech (30 x 40 cm, gefettet, mit Backpapier belegt) ausrollen, davor einen mehrfach umgeknickten Streifen Alufolie legen.

3 Für den Belag Äpfel schälen, vierteln, entkernen, in dünne Spalten schneiden und schuppenförmig auf den Teig legen.

4 Butter geschmeidig rühren. Nach und nach Zucker, Aroma, Eigelb, Quark und Grieß unterrühren. Eiweiß steif schlagen, unter die Quarkmasse ziehen, auf die Äpfel streichen.

5 Für die Streusel Mehl sieben, mit Mandeln, Zucker, Zimt und Butter oder Margarine in eine Rührschüssel geben, mit Handrührgerät mit Knethaken zu Streuseln von gewünschter Größe verarbeiten und gleichmäßig auf der Quarkmasse verteilen. Das Backblech in den Backofen schieben.

Ober-/Unterhitze: etwa 180 °C (vorgeheizt)
Heißluft: etwa 160 °C (nicht vorgeheizt)
Gas: Stufe 2–3 (nicht vorgeheizt)
Backzeit: etwa 50 Minuten.

6 Das Backblech auf einen Kuchenrost stellen und den Kuchen erkalten lassen.

Apfel-Mohn-Gitterkuchen

Zutaten

Für den Knetteig:
350 g Weizenmehl
1 gestr. TL Backpulver
150 g gesiebter Puderzucker
½ Pck. Vanillin-Zucker
250 g Butter oder Margarine

Für den Belag:
1 kg Äpfel
½ TL gemahlener Zimt
50 g Rosinen
50 g Zucker

Für das Mohngitter:
200 g gemahlener Mohn
200 g Zucker
250 ml (¼ l) Milch
100 g Semmelbrösel
gemahlener Zimt
Kakaopulver

Zum Bestreuen:
50 g abgezogene, gehobelte Mandeln

Zubereitungszeit:
45 Minuten, ohne Kühlzeit

Insgesamt:
E: 115 g, F: 339 g, Kh: 888 g, kJ: 30640, kcal: 7313

RAFFINIERT – FÜR GÄSTE

1 Für den Teig Mehl mit Backpulver mischen und in eine Rührschüssel sieben. Puderzucker, Vanillin-Zucker und Butter oder Margarine hinzufügen. Die Zutaten mit Handrührgerät mit Knethaken zunächst kurz auf niedrigster, dann auf höchster Stufe gut durcharbeiten. Anschließend auf der mit Mehl bestäubten Arbeitsfläche zu einem glatten Teig verkneten. Sollte der Teig kleben, ihn eine Zeit lang kalt stellen.

2 Den Teig auf einem Backblech (30 x 40 cm, gefettet) ausrollen, mit einer Gabel mehrmals einstechen und goldgelb vorbacken.

Ober-/Unterhitze: etwa 180 °C (vorgeheizt)
Heißluft: etwa 160°C (vorgeheizt)
Gas: Stufe 2–3 (vorgeheizt)
Backzeit: etwa 15 Minuten.

3 Das Backblech auf einen Kuchenrost stellen und den Kuchen erkalten lassen.

4 Für den Belag Äpfel schälen, vierteln, entkernen, in dünne Scheiben schneiden, mit Zimt, Rosinen und Zucker vermengen und auf dem vorgebackenen Teig verteilen.

5 Für das Mohngitter Mohn, Zucker und Milch in einen kleinen Topf geben, kurz aufkochen lassen, von der Kochstelle nehmen. Semmelbrösel, Zimt und Kakao unterrühren. Die Mohnmasse in einen Spritzbeutel mit Lochtülle füllen. Ein Gitter auf die Äpfel spritzen, mit Mandeln bestreuen. Das Backblech in den Backofen schieben.

Ober-/Unterhitze: etwa 180 °C (vorgeheizt)
Heißluft: etwa 160 °C (nicht vorgeheizt)
Gas: Stufe 2–3 (vorgeheizt)
Backzeit: etwa 25 Minuten.

Apfelkuchen vom Blech

Zutaten

Für den Knetteig:
150 g Weizenmehl
1 TL Backpulver
65 g Zucker
1 Ei (Größe M)
65 g Butter oder Margarine

Für den Belag:
2 Pck. Pudding-Pulver Vanille-Geschmack
100 g Zucker
500 ml (½ l) Orangensaft
6 Äpfel
500 ml (½ l) Schlagsahne
2 Pck. Sahnesteif
2 Pck. Vanillin-Zucker
evtl. Kakaopulver

Zubereitungszeit:
30 Minuten, ohne Kühlzeit

Insgesamt:
E: 44 g, F: 222 g, Kh: 541 g, kJ: 18673, kcal: 4461

FÜR KINDER

1 Für den Teig Mehl mit Backpulver mischen, in eine Rührschüssel sieben. Zucker, Ei und Butter oder Margarine hinzufügen. Die Zutaten mit Handrührgerät mit Knethaken zunächst kurz auf niedrigster, dann auf höchster Stufe gut durcharbeiten. Anschließend auf der leicht bemehlten Arbeitsfläche zu einem glatten Teig verkneten. Sollte er kleben, ihn eine Zeit lang kalt stellen.

2 Den Teig auf einem Backblech (30 x 40 cm, gefettet, mit Backpapier belegt) ausrollen und einen Backrahmen darumstellen.

3 Für den Belag aus Pudding-Pulver, Zucker und Orangensaft nach Packungsanleitung – aber mit den hier angegebenen Zutaten – einen Pudding kochen. Äpfel schälen, vierteln, entkernen, raspeln und unter den Pudding mischen.

4 Die Puddingmasse auf dem Teig verteilen und glatt streichen. Das Backblech in den Backofen schieben.

Ober-/Unterhitze: etwa 180 °C (vorgeheizt)
Heißluft: etwa 160 °C (vorgeheizt)
Gas: Stufe 2–3 (vorgeheizt)
Backzeit: etwa 30 Minuten.

5 Das Backblech auf einen Kuchenrost stellen und den Kuchen erkalten lassen. Dann den Backrahmen entfernen. Sahne mit Sahnesteif und Vanillin-Zucker steif schlagen und auf dem Kuchen verteilen. Nach Belieben mit Kakao bestäuben.

Tipp: *Apfelkuchen maximal 1 Tag vor dem Verzehr zubereiten. Anstelle Orangensaft schmeckt der Kuchen auch sehr gut mit Wein oder Apfelsaft.*

Mangocreme-Schnitten

Zutaten

Für den Knetteig:
250 g Weizenmehl
250 g kalte Butterflöckchen
6 EL Crème fraîche
1 Prise Salz

Zum Bestreuen:
1–2 EL Zucker

Für den Belag:
250 g Mangoscheiben (aus der Dose)
200 g Sahnequark (40%)
3 EL Honig
1 Prise gemahlener Zimt
4 Blatt weiße Gelatine
3 EL Mangosirup (aus der Flasche)
250 ml (¼ l) Schlagsahne

Zubereitungszeit:
50 Minuten, ohne Ruhe- und Kühlzeit

Insgesamt:
E: 97 g, F: 336 g, Kh: 338 g, kJ: 20575, kcal: 4916

ERFRISCHEND

1 Für den Teig Mehl in eine Rührschüssel sieben. Butterflöckchen, Crème fraîche und Salz hinzufügen und mit Handrührgerät mit Knethaken verkneten, so dass sich die Butter vollständig mit dem Mehl verbindet. Über Nacht im Kühlschrank ruhen lassen.

2 Den Teig auf der leicht bemehlten Arbeitsfläche zu einem langen Streifen ausrollen, beide Enden zur Mitte hin übereinander klappen, 30 Minuten kalt ruhen lassen, wieder ausrollen, zusammen klappen, ruhen lassen, den Vorgang nochmals wiederholen.

3 Den Teig 5 mm dick ausrollen, in Stücke von 5 x 10 cm schneiden, auf ein Backblech (mit Backpapier belegt) legen, mit kaltem Wasser bepinseln und mit Zucker bestreuen. Das Backblech in den Backofen schieben.

Ober-/Unterhitze: etwa 200 °C (vorgeheizt)
Heißluft: etwa 180 °C (vorgeheizt)
Gas: Stufe 3–4 (vorgeheizt)
Backzeit: etwa 30 Minuten.

4 Das Backblech auf einen Kuchenrost stellen und den Kuchen erkalten lassen.

5 Für den Belag Mangoscheiben abtropfen lassen, 150 g der Früchte in Streifen schneiden, den Rest pürieren.

6 Sahnequark mit Honig und Zimt cremig rühren. Gelatine nach Packungsanleitung einweichen, in heißem Mangosirup auflösen, unter den Quark ziehen und kalt stellen, bis die Masse zu gelieren beginnt.

7 Sahne steif schlagen, unter die Quarkmasse heben, Mangostückchen unterrühren. Die Masse auf die Hälfte der Gebäckstreifen streichen und jeweils mit einem zweiten Gebäckstreifen abdecken.

Pflaumen- oder Zwetschenkuchen mit Quarkcreme

1 Für den Teig Mehl mit Backpulver mischen, in eine Rührschüssel sieben. Restliche Zutaten hinzufügen. Butter in Stücke schneiden, hinzufügen, mit Handrührgerät mit Knethaken zunächst kurz auf niedrigster, dann auf höchster Stufe schnell zu einem glatten Teig verkneten. Sollte er kleben, ihn eine Zeit lang kalt stellen. Den Teig auf der Hälfte eines Backblechs (30 x 40 cm, gefettet, mit Backpapier belegt) ausrollen, mehrmals mit einer Gabel einstechen. Das Backblech in den Backofen schieben.

Ober-/Unterhitze: etwa 200 °C (vorgeheizt)
Heißluft: etwa 180 °C (vorgeheizt)
Gas: etwa Stufe 3–4 (vorgeheizt)
Garzeit: etwa 15 Minuten.

2 Das Backblech auf einen Kuchenrost stellen und den Kuchen abkühlen lassen.

3 Für den Belag Butter geschmeidig rühren, nach und nach Zucker, Vanillin-Zucker, Aroma, Ei und Quark unterrühren. Speisestärke mit Milch anrühren, unter die Quarkmasse rühren und gleichmäßig auf den vorgebackenen Boden streichen.

4 Pflaumen waschen, gut abtropfen lassen, mit einem Tuch abreiben, entsteinen, die Hälften oben einschneiden, mit der Innenseite nach oben, auf die Quarkcreme legen. Das Backblech wieder in den Backofen schieben.

Ober-/Unterhitze: etwa 200 °C (vorgeheizt)
Heißluft: etwa 180 °C (vorgeheizt)
Gas: etwa Stufe 3–4 (vorgeheizt)
Garzeit: etwa 30 Minuten.

5 Den Kuchen sofort nach dem Backen mit Butter bestreichen und erkalten lassen. Zucker mit Zimt mischen, über den Kuchen streuen und nach Belieben Mandeln gleichmäßig darauf verteilen.

Zutaten

Für den Knetteig:
150 g Weizenmehl
½ gestr. TL Backpulver
65 g Zucker
1 Pck. Vanillin-Zucker
1 Ei (Größe M)
65 g Butter

Für den Belag:
50 g Butter
50 g Zucker
1 Pck. Vanillin-Zucker
2 Tropfen Zitronen-Aroma
1 Ei (Größe M)
250 g Magerquark
10 g Speisestärke
2 EL Milch
750 g Pflaumen (Zwetschen)

Zum Bestreichen:
25 g zerlassene Butter

Zum Bestreuen:
25 g Zucker
etwas gemahlener Zimt
evtl. einige abgezogene, gehobelte, gebräunte Mandeln

Zubereitungszeit:
30 Minuten

Insgesamt:
E: 79 g, F: 110 g, Kh: 368 g, kJ: 12213, kcal: 2918

DAUERT LÄNGER

Weincreme-Schnitten

Zutaten

Für den Rührteig:
175 g Butter oder Margarine
175 g Zucker
1 Pck. Vanillin-Zucker
1 Fläschchen Zitronen-Aroma
4 Eier (Größe M)
200 g Weizenmehl
2 gestr. TL Backpulver

Für die Füllung:
2 Pck. Weißwein-Creme
400 ml Schlagsahne

Zum Bestäuben und Garnieren:
Puderzucker
einige grüne Weintrauben

Zubereitungszeit:
50 Minuten, ohne Kühlzeit

Insgesamt:
E: 103 g, F: 300 g, Kh: 752 g, kJ: 26385, kcal: 6277

FÜR GÄSTE – SCHNELL

1 Für den Teig Butter oder Margarine mit Handrührgerät mit Rührbesen auf höchster Stufe geschmeidig rühren. Nach und nach Zucker, Vanillin-Zucker und Aroma unterrühren. So lange rühren, bis eine gebundene Masse entstanden ist.

2 Eier nach und nach unterrühren (jedes Ei etwa ½ Minute). Mehl und Backpulver mischen, sieben und unterrühren. Den Teig auf einem Backblech (30 x 40 cm, gefettet, mit Backpapier belegt) verteilen und glatt streichen. Das Backblech in den Backofen schieben.

Ober-/Unterhitze: etwa 180 °C (vorgeheizt)
Heißluft: etwa 160 °C (vorgeheizt)
Gas: Stufe 2–3 (vorgeheizt)
Backzeit: etwa 20 Minuten.

3 Das Gebäck nach dem Backen sofort vom Backblech lösen, auf einen mit Backpapier belegten Kuchenrost stürzen und erkalten lassen.

4 Für die Füllung den Wein aus den Packungen in eine Schüssel geben, den Inhalt der Päckchen auf einmal hineingeben und mit Handrührgerät mit Rührbesen erst auf niedrigster Stufe verrühren, dann etwa 3 Minuten auf höchster Stufe schlagen, bis die Masse durch und durch schaumig und dicklich wird.

5 Sahne steif schlagen und unter die Weißwein-Creme heben. Das Gebäck senkrecht halbieren, auf eine Platte legen, mit der Weißweincreme bestreichen und die andere Hälfte darauf legen. Das Gebäck kalt stellen, bis die Creme schnittfest ist (etwa 2 Stunden).

6 Das Gebäck in Schnitten beliebiger Größe schneiden, mit Puderzucker bestäuben und mit Weintrauben garnieren.

Obstkuchen mit Walnusskernen

Zutaten

150 g Studentenfutter
2 EL Rum
1 Pck. (300 g) TK-Blätterteig

Für den Rührteig:
250 g blaue Weintrauben
250 g grüne Weintrauben
500 g Äpfel, 500 g Birnen
abgeriebene Schale und
2 EL Saft von 1 großen
Zitrone (unbehandelt)
250 g weiche Butter
250 g gesiebter Puderzucker
6 Eier (Größe M)
600 g Weizenmehl
1 Pck. Backpulver
150 g grob gehackte
Walnusskerne

Zum Bestreichen:
1 Eigelb (Größe M)

Für den Guss:
150 g gesiebter Puderzucker
3 EL Zitronensaft

Zubereitungszeit:
40 Minuten, ohne Einweich- und Auftauzeit

Insgesamt:
E: 183 g, F: 438 g, Kh: 1167 g, kJ: 41016, kcal: 9795

RAFFINIERT – FÜR GÄSTE

1 Studentenfutter in Rum 1–2 Stunden einweichen. Die Blätterteigplatten zugedeckt auftauen lassen.

2 Für den Teig Weintrauben waschen, abtropfen lassen, halbieren und entkernen. Äpfel und Birnen schälen, vierteln, entkernen und die Fruchtstücke quer in nicht zu dünne Scheiben schneiden. Das vorbereitete Obst mit Studentenfutter, Zitronenschale und -saft vermengen.

3 Butter mit Handrührgerät mit Rührbesen auf höchster Stufe geschmeidig rühren. Nach und nach Puderzucker unterrühren. So lange rühren, bis eine gebundene Masse entstanden ist. Eier nach und nach unterrühren (jedes Ei etwa ½ Minute).

4 Mehl mit Backpulver mischen, sieben und portionsweise auf mittlerer Stufe unterrühren. Zuletzt Obst, Studentenfuttermischung und Walnusskerne unterrühren.

5 Den Teig in eine Fettfangschale (30 x 40 cm, gefettet, mit Mehl bestäubt) geben und glatt streichen. Die Blätterteig-Platten übereinander legen, in der Größe der Fettfangschale ausrollen, auf eine Teigrolle wickeln und als Deckel über dem Rührteig abrollen. Ränder andrücken. Eigelb mit etwas Wasser verschlagen, die Blätterteigdecke damit bestreichen und mehrmals mit einer Gabel einstechen. Das Backblech in den Backofen schieben.

Ober-/Unterhitze: etwa 180 °C (vorgeheizt)
Heißluft: etwa 160 °C (nicht vorgeheizt)
Gas: Stufe 2–3 (nicht vorgeheizt)
Backzeit: etwa 35 Minuten.

6 Für den Guss Puderzucker mit Zitronensaft verrühren, den gebackenen, noch heißen Kuchen damit bestreichen, etwas abgekühlt in Stücke schneiden und lauwarm mit geschlagener Sahne servieren.

Ratgeber

Wenn Sie einmal keinen so großen Kuchen benötigen, können Sie das Rezept auch halbieren und in einer Springform (ø 26 oder 28 cm) oder auf der Hälfte des Backbleches mit Hilfe eines Backrahmens backen.

- Je nach Rezept lassen sich die meisten Kuchen ohne Guss und Verzierung auch einfrieren.
- Wer keinen Backrahmen besitzt, kann nach dem Backen und Abkühlen des Kuchen einen doppelt gefalteten Streifen Alufolie zwischen Blech und Kuchen legen. Dann die Füllung oder den Belag darauf verteilen.

Wer Teig mit Öl zubereitet, sollte Öle mit starkem Eigengeschmack nur dann verwenden, wenn er diesen Geschmack mag. Gut geeignet sind Ölmischungen, die auch zum Braten geeignet sind, z. B. Biskin. Zerlassene Butter oder Margarine eignet sich nicht so gut, da der Teig eine andere Konsistenz bekommt.

Mehl der Typenbezeichnung 405 und 550 können wahlweise verwendet werden. Mehle mit höheren Typenbezeichnungen oder Vollkornmehle dagegen eignen sich nicht als Ausstausch. Bei ihnen müssen je 100 g Mehl etwa 2 Esslöffel mehr Flüssigkeit (Wasser oder Milch) zugegeben werden.

Kuchen auf dem Backblech immer auf einem Kuchenrost abkühlen lassen, da sich ansonsten zu viel Feuchtigkeit bildet und der fertig gebackene Kuchen durchweicht.

Kuchen, bei denen Früchte mitgebacken werden, etwas abkühlen lassen, vierteln und die Stücke auf einem Kuchenrost erkalten lassen, damit sich nicht so viel Flüssigkeit bildet.

Handhabung des Backrahmens

1. Vor dem ersten Gebrauch den Backrahmen auseinander ziehen, beide Teile mit haushaltsüblichem Spülmittel in heißem Wasser gründlich reinigen und sorgfältig abtrocknen.
2. Den Rahmen bei jedem Gebrauch grundsätzlich auf die gewünschte Größe einstellen und auf das Herdbackblech setzen. Die Innenseiten des Backrahmens zum Backen mit streichfähiger Butter oder Margarine einfetten.
3. Nach dem Backen bzw. Dekorieren des Kuchens den Backrahmen mit Hilfe eines Messers lösen, den Backrahmen etwas auseinander ziehen und abheben.
4. Nach jedem Back- oder Dekoriervorgang die 2 Teile des Backrahmen wie unter Punkt 1 beschrieben gründlich reinigen.

Ratgeber

Backtemperaturen und Einschubhöhen

Die richtig eingestellte Backtemperatur ist genauso wichtig wie die genaue Zubereitung des Rezeptes. Die in den Rezepten angegebenen Backzeiten können länger oder kürzer sein (das ist abhängig von Umständen, die auf die Verschiedenartigkeit der Herde, auf unterschiedliche Energiezufuhr und auch auf die Beschaffenheit der Zutaten zurückzuführen sind).

Es ist deshalb unbedingt erforderlich, die Anleitungen der Hersteller, die den Herden beiliegen, genau zu beachten. Das Gebäck sollte besonders gegen Ende der Backzeit genau beobachtet werden. Mit einer Garprobe kann geprüft werden, ob das Gebäck durchgebacken ist.

Backbleche werden entweder auf der mittleren oder der unteren Einschubleiste eingeschoben. Die untere Einschubleiste (unteres Drittel) ist besonders bei feuchteren Belägen sinnvoll, da sonst der Boden sehr schnell durchweicht. Wird der Kuchen im unteren Drittel eingeschoben, kann er besser durchbacken. Maßgebend sind jedoch die Ausführungen und Anweisungen des Herdherstellers.

Backbleche

Zur Grundausstattung eines Herdes gehören auch 1 bis 2 Backbleche, sowie eine Fettfangschale. Ein Backblech wird meistens vom Hersteller mitgeliefert. Dabei handelt es sich um Emaille-, Schwarz- oder Aluminiumbleche.

Emaillebleche und Schwarzbleche sind für Heißluft und Ober-/Unterhitze am besten geeignet. Für den Gasherd sollten Aluminiumbleche verwendet werden, da Schwarzbleche andere Wärmeleitungseigenschaften besitzen. Das Gebäck ist dann äußerlich in Ordnung, ist jedoch nicht durchgebacken.

Garprobe

- Biskuitteigplatte: Wenn die Oberfläche mit der flachen Hand leicht eingedrückt wird, darf keine Druckstelle zurückbleiben. Das Gebäck sollte sich wattig anfühlen.
- Rührteig: An der dicksten Stelle mit einem Holzstäbchen einstechen. Es darf kein Teig mehr daran haften, das Stäbchen muss trocken sein. Das Gebäck muss sich am Rand der Form lösen (Blech bzw. Fettfangschale).
- Hefe-, Quark-Öl- und Obstkuchen: Die Unterseite des Kuchens sollte leicht gebräunt und trocken sein. Am besten mit einem breiten Messer oder mit einer Backpalette unter den Teig fahren und diesen kurz anheben.

Alphabetisches Register

A

Apfelkuchen, Großmutters 108
Apfel-Mohn-Gitterkuchen 112
Apfelkuchen mit Pudding 104
Apfelkuchen vom Blech 114
Apfelschnitten 106
Aprikosen-Crème-fraîche-Schnitten 102

B

Bienenstich 62
Brüsseler Schnitten 24
Bunte Zitronenschnitten 22
Butter- oder Zuckerkuchen 10

C

Cremeschnitten, erfrischende 54
Cremeschnitten, Frankfurter 52

E

Eierschecke 80
Englische Teeschnitten 34
Erfrischende Cremeschnitten 54

F

Frankfurter Cremeschnitten 52
Friesenschnitten 58

G

Gefüllter Streuselkuchen 60
Gewürzschnitten 46
Großmutters Apfelkuchen 108

H

Heidelbeerkuchen, Sächsischer 100
Honig-Frucht-Schnitten 50
Honigkuchen 48

J

Joghurt-Schnitten 72
Johannisbeer-Käse-Kuchen 82
Johannisbeer-Stachelbeer-Kuchen 96
Johannisbeerschnitten 98

K

Kartoffelkuchen, schwäbischer 14
Käsekuchen, einmal anders 78
Kieler Schnitten 20
Kirsch-Marzipan-Schnitten 90
Kirschschnitten 84
Kokoskuchen 36
Kokosschnitten 38
Kokosschnitten, würzige 40

M

Mandel-Kirsch-Kuchen 86
Mandel-Schoko-Schnitten 30
Mangocreme-Schnitten 116
Marzipan-Butterkuchen 8
Mohnkuchen, Thüringer 42

Alphabetisches Register

N

Nuss-Marzipan-Schnitten ... 32
Nuss-Rum-Schnitten ... 28
Nuss-Schnitten ... 68

O

Obstkuchen mit Walnusskernen ... 120

P

Pfefferkuchenstreifen ... 51
Pfirsich-Sekt-Schnitten ... 70
Pflaumen- oder Zwetschenkuchen mit Quarkcreme ... 117

Q

Quark-Apfel-Kuchen mit Streuseln ... 110

R

Rhabarber-Erdbeer-Schnitten ... 94
Rhabarberkuchen mit Quarkguss ... 92
Rotweinkuchen ... 66

S

Sächsischer Heidelbeerkuchen ... 100
Saftiger Zuckerkuchen ... 12
Sandschnitten ... 16
Sauerkirschkuchen ... 88
Schmandkuchen ... 76
Schmandkuchen, Tante Annas ... 74
Schnitten, Brüsseler ... 24
Schnitten, Kieler ... 20
Schnitten, süße ... 64
Schoko-Trüffel-Schnitten ... 56
Schwäbischer Kartoffelkuchen ... 14
Streuselecken mit Crème fraîche ... 18
Streuselkuchen, gefüllter ... 60
Streuselkuchen, Thüringer ... 44
Süße Schnitten ... 64

T

Tante Annas Schmandkuchen ... 74
Teeschnitten, englische ... 34
Thüringer Mohnkuchen ... 42
Thüringer Streuselkuchen ... 44
Titelrezept (Thüringer Streuselkuchen mit Aprikosen) ... 44

W

Würzig Kokosschnitten ... 40
Walnusshappen ... 26
Weincreme-Schnitten ... 118

Z

Zitronenschnitten, bunte ... 22
Zuckerkuchen, saftiger ... 12

Kapitelregister

Trockene Kuchen

Brüsseler Schnitten 24
Bunte Zitronenschnitten 22
Butter- oder Zuckerkuchen 10
Englische Teeschnitten 34
Gewürzschnitten 46
Honig-Frucht-Schnitten 50
Honigkuchen 48
Kieler Schnitten 20
Kokoskuchen 36
Kokosschnitten 38
Mandel-Schoko-Schnitten 30
Marzipan-Butterkuchen 8
Nuss-Marzipan-Schnitten 32
Nuss-Rum-Schnitten 28
Pfefferkuchenstreifen 51
Saftiger Zuckerkuchen 12
Sandschnitten 16
Schwäbischer Kartoffelkuchen 14
Streuselecken mit Crème fraîche 18
Thüringer Mohnkuchen 42
Thüringer Streuselkuchen 44
Würzige Kokosschnitten 40
Walnusshappen 26

Gefüllte Kuchen

Bienenstich 62
Erfrischende Cremeschnitten 54
Frankfurter Cremeschnitten 52
Friesenschnitten 58
Gefüllter Streuselkuchen 60
Schoko-Trüffel-Schnitten 56
Süße Schnitten 64

Kuchen mit Milch und Sahne

Eierschecke 80
Joghurt-Schnitten 72
Johannisbeer-Käse-Kuchen 82

Kapitelregister

Käsekuchen, einmal anders ... 78
Nuss-Schnitten ... 68
Pfirsich-Sekt-Schnitten ... 70
Rotweinkuchen ... 66
Schmandkuchen ... 76
Tante Annas Schmandkuchen ... 74

Kuchen mit Obst

Apfel-Mohn-Gitterkuchen ... 112
Apfelkuchen mit Pudding ... 104
Apfelkuchen vom Blech ... 114
Apfelschnitten ... 106
Aprikosen-Crème-fraîche-Schnitten ... 102
Großmutters Apfelkuchen ... 108
Johannisbeer-Stachelbeer-Kuchen ... 96
Johannisbeerschnitten ... 98
Kirsch-Marzipan-Schnitten ... 90
Kirschschnitten ... 84
Mandel-Kirsch-Kuchen ... 86
Mangocreme-Schnitten ... 116
Obstkuchen mit Walnusskernen ... 120
Pflaumen- oder Zwetschenkuchen mit Quarkcreme ... 117
Quark-Apfel-Kuchen mit Streuseln ... 110
Rhabarber-Erdbeer-Schnitten ... 94
Rhabarberkuchen mit Quarkguss ... 92
Sächsischer Heidelbeerkuchen ... 100
Sauerkirschkuchen ... 88
Weincreme-Schnitten ... 118